Milagros

enero 77
Madrid

LA DEVOCIÓN DE LA CRUZ

EL GRAN TEATRO DEL MUNDO

COLECCIÓN AUSTRAL

N.º 384

CALDERÓN DE LA BARCA

LA DEVOCIÓN DE LA CRUZ

—

EL GRAN TEATRO DEL MUNDO

SEXTA EDICIÓN

ESPASA-CALPE, S. A.
MADRID

Ediciones para la

COLECCIÓN AUSTRAL

Primera edición: 16 - IX - 1943
Segunda edición: 10 - IV - 1946
Tercera edición: 18 - XII - 1961
Cuarta edición: 15 - VI - 1967
Quinta edición: 23 - IX - 1971
Sexta edición: 26 - IV - 1976

© *Espasa-Calpe, S. A., Madrid, 1943*

———

Depósito legal: M. 9.618—1976

ISBN 84—239—0384—2

Impreso en España
Printed in Spain

Acabado de imprimir el día 26 de abril de 1976

Talleres tipográficos de la Editorial Espasa-Calpe, S. A.
Carretera de Irún, km. 12,200. Madrid-34

ÍNDICE

LA DEVOCIÓN DE LA CRUZ

COMEDIA RELIGIOSA

Núm. 384.—2

PERSONAS QUE HABLAN EN ELLA

EUSEBIO.

LISARDO.

CURCIO, *viejo.*

OCTAVIO.

CELIO.

RICARDO.

ARMINDA.

GIL, *gracioso.*

MENGA.

JULIA.

VILLANOS.

ALBERTO.

BANDOLEROS.

JORNADA PRIMERA

(Arboleda inmediata a un camino que conduce a Sena)

Dentro

MENGA.	¡Verá por do va la burra!
GIL.	Jo, demonio; jo, mohína.
MENGA.	Ya verás por do camina: Arre acá.
GIL.	¡El diablo te aburra! ¿No hay quien una cola tenga, pudiendo tenerla mil?

Salen

MENGA.	¡Buena hacienda has hecho, Gil!
GIL.	¡Buena hacienda has hecho, Menga, que tú la culpa tuviste! Que como ibas caballera, que en el hoyo se metiera al oído le dijiste, por hacerme regañar.
MENGA.	Por verme caer a mí, se lo dijiste, eso sí.
GIL.	¿Cómo la hemos de sacar?
MENGA.	¿Pues en el lodo la dejas?
GIL.	No puede mi fuerza sola.

MENGA.   Yo tiraré de la cola,
          tira tú de las orejas.
GIL.   Mejor remedio sería
          hacer el que aprovechó
          a un coche, que se atascó
          en la corte esotro día.
              Este coche, Dios delante,
          que arrastrado de dos potros,
          parecía entre los otros
          pobre coche vergonzante ;
              y por maldición muy cierta
          de sus padres (¡hado esquivo!)
          iba de estribo en estribo,
          ya que no de puerta en puerta ;
              en un arroyo atascado,
          con ruegos el caballero,
          con azotes el cochero,
          ya por fuerza, ya por grado,
              ya por gusto, ya por miedo,
          que saliesen procuraban:
          por recio que lo mandaban,
          mi coche quedo que quedo.
              Viendo que no importa nada
          cuantos remedios hicieron,
          delante el coche pusieron
          un harnero de cebada.
              Los caballos, por comer,
          de tal manera tiraron,
          que tosieron y arrancaron ;
          y esto podemos hacer.
MENGA.   ¡Que nunca valen dos cuartos
          tus cuentos!
GIL.   Menga, yo siento
          ver un animal hambriento,
          donde hay animales hartos.
MENGA.   Voy al camino a mirar
          si pasa de nuestra aldea

gente, cualquiera que sea,
porque te venga a ayudar,
    pues te das tan pocas mañas.
GIL.   Vuelve, Menga, [a] tu porfía.
MENGA.   ¡Ay burra del alma mía!

                    Vase

GIL.   ¡Ay burra de mis entrañas!
    Tú fuiste la más honrada
burra de toda la aldea ;
que no ha habido quien te vea
nunca mal acompañada.
    No eres nada callejera,
di mijor gana te estabas
en tu pesebre, que andabas
cuando te llevaban fuera.
    Pues ¿altanera y liviana?
Bien me atrevo a jurar yo
que ningún burro la vio
asomada a la ventana.
    Yo sé que no merecía
su lengua desdicha tal ;
pues jamás por hablar mal
dijo: Aquesta boca es mía.
    Pues como a ella le sobre
de lo que comiendo está,
luego al punto se lo da
a alguna borrica pobre.

                Dentro, ruido

    Mas ¿qué ruido es éste? Allí
de dos caballos se apean
dos hombres, y hacia mí vienen,
después que atados los dejan.
¡Descoloridos, y al campo
de mañana! Cosa es cierta
que comen barro, o están

opilados. Mas ¿si fueran
bandoleros? ¡Aquí es ello!
Pero lo que fuere sea ;
aquí me escondo: que andan,
que corren, que salen, que entran.

Escóndese

Salen Lisardo y Eusebio

LISARDO.   No pasemos adelante,
porque esta estancia encubierta
y apartada del camino,
es para mi intento buena.
Sacad, Eusebio, la espada ;
que yo de aquesta manera,
a los hombres como vos
saco a reñir.

EUSEBIO.   Aunque tenga
bastante causa en haber
llegado al campo, quisiera
saber lo que a vos os mueve.
Decid, Lisardo, la queja
que de mí tenéis.

LISARDO.   Son tantas,
que falta voz a la lengua,
razones a la razón,
al sufrimiento paciencia.
Quisiera, Eusebio, callarlas,
y aun olvidarlas quisiera ;
porque cuando se repiten
hacen de nuevo la ofensa.
¿Conocéis estos papeles?

EUSEBIO.   Arrojadlos en la tierra ;
yo los alzaré.

LISARDO.   Tomad.
¿Qué os suspendéis? ¿Qué os altera?

EUSEBIO.   ¡Mal haya el hombre, mal haya
           mil veces aquel que entrega
           sus secretos a un papel!
           Porque es disparada piedra
           que se sabe quién la tira,
           y no se sabe a quién llega.
LISARDO.   ¿Habeislos ya conocido?
EUSEBIO.   Todos están de mi letra,
           que no la puedo negar.
LISARDO.   Pues yo soy Lisardo, en Sena
           hijo de Lisardo Curcio.
           Bien excusadas grandezas
           de mi padre consumieron
           en breve tiempo la hacienda
           que los suyos le dejaron;
           que no sabe cuánto yerra
           quien, por excesivos gastos,
           pobres a sus hijos deja.
           Pero la necesidad,
           aunque ultraje la nobleza,
           no excusa de obligaciones
           a los que nacen con ellas.
           Julia, pues (¡saben los cielos
           cuánto en nombrarla me pesa!),
           o no supo conservallas,
           o no llegó a conocellas.
           Pero al fin, Julia es mi hermana.
           ¡Pluguiera a Dios no lo fuera!
           Y advertid que no se sirven
           las mujeres de sus prendas
           con amorosos papeles,
           con razones lisonjeras,
           con ilícitos recados,
           ni con infames terceras.
           No os culpo en el todo a vos;
           que yo confieso que hiciera

lo mismo, a darme una dama
para servirla licencia.
Pero cúlpoos en la parte
de ser mi amigo y en ésta
con más culpa os comprehende
la culpa que tuvo ella.
Si mi hermana os agradó
para mujer (que no era
posible, ni yo lo creo
que os atrevierais a vella
con otro fin ni aun con éste ;
pues ¡vive Dios! que quisiera,
antes que con vos casada,
mirarla a mis manos muerta):
en fin, si vos la elegisteis
para mujer, justo fuera
descubrir vuestros deseos
a mi padre, antes que a ella.
Éste era término justo,
y entonces mi padre viera
si le estaba bien el darla,
que pienso que no os la diera ;
porque un caballero pobre,
cuando en cosas como éstas
no puede medir iguales
la calidad y la hacienda,
por no deslucir su sangre
con una hija doncella,
hace sagrado un convento ;
que es delito la pobreza.
Aqueste a Julia mi hermana
con tanta prisa la espera,
que mañana ha de ser monja,
por voluntad o por fuerza.
Y porque no será bien
que una religiosa tenga
prendas de tan loco amor

y de voluntad tan necia,
a vuestras manos las vuelvo,
con resolución tan ciega,
que no sólo he de quitarlas,
mas también la causa dellas.
Sacad la espada, y aquí
el uno de los dos muera;
vos, porque no la sirváis,
o yo, porque no lo vea.

un duelo

EUSEBIO.
Tened, Lisardo, la espada,
y pues yo he tenido flema
para oir desprecios míos,
escuchadme la respuesta.
Y aunque el discurso sea largo
de mi suceso, y parezca
que, estando solos los dos,
es demasiada paciencia;
pues que ya es fuerza reñir,
y morir el uno es fuerza;
por si los cielos permiten,
que yo el infelice sea,
oíd prodigios que admiran
y maravillas que elevan;
que no es bien que con mi muerte
eterno silencio tengan.
Yo no sé quién fue mi padre;
pero sé que la primera
cuna fue el pie de una cruz,
y el primer lecho una piedra.
Raro fue mi nacimiento,
según los pastores cuentan,
que desta suerte me hallaron
en la falda de esas sierras.
Tres días dicen que oyeron
mi llanto, y que a la aspereza
donde estaba no llegaron
por el temor de las fieras,

Todos los milagros que le han ocurrido para protegerle y salvarte. Y siempre se presenta una cruz

mas ninguna me hizo mal;
pero ¿quién duda que era
por respeto de la Cruz,
que tenía en mi defensa?
Hallóme un pastor, que acaso
buscó una perdida oveja
en la aspereza del monte,
y trayéndome al aldea
de Eusebio, que no sin causa
estaba entonces en ella,
le contó mi prodigioso
nacimiento, y la clemencia
del cielo asistió a la suya.
Mandó, en fin, que me trajeran
a su casa, y como a hijo
me dio la crianza en ella.
Eusebio soy de la Cruz,
por su nombre, y por aquella
que fue mi primera guía,
y fue mi guarda primera.
Tomé por gusto las armas,
por pasatiempo las letras;
murió Eusebio, y yo quedé
heredero de su hacienda.
Si fue prodigioso el parto,
no lo fue menos la estrella
que enemiga me amenaza,
y piadosa me reserva.
Tierno infante era en los brazos
del ama, cuando mi fiera
condición, bárbara en todo,
dio de sus rigores muestra;
pues con solas las encías,
no sin diabólica fuerza,
partí el pecho de quien tuve
el dulce alimento; y ella,
del dolor desesperada,

y de la cólera ciega,
en un pozo me arrojó,
sin que ninguno supiera
de mí. Oyéndome reir,
bajaron a él, y cuentan
que estaba sobre las aguas,
y que con las manos tiernas
tenía una formada Cruz
y sobre los labios puesta.
Un día que se abrasaba
la casa, y la llama fiera
cerraba el paso a la vida,
y a la salida la puerta,
entre las llamas estuve
libre, sin que me ofendieran:
y advertí después, dudando
que haya en el fuego clemencia,
que era día de la Cruz.
Tres lustros contaba apenas,
cuando por el mar fui a Roma,
y en una brava tormenta,
desesperada mi nave
chocó en una oculta peña:
en pedazos dividida,
por los costados abierta ;
abrazado de un madero
salí venturoso a tierra,
y este madero tenía
forma de Cruz. Por las sierras
de esos montes caminaba
con otro hombre, y en la senda
que dos caminos partía,
una Cruz estaba puesta.
En tanto que me quedé
haciendo oración en ella,
se adelantó el compañero ;
y después dándome priesa

para alcanzarle, le hallé
muerto a las manos sangrientas
de bandoleros. Un día,
riñendo en una pendencia,
de una estocada caí,
sin que hiciese resistencia,
en la tierra; y cuando todos
pensaron hallarla ajena
de remedio, sólo hallaron
señal de la punta fiera
en una cruz que traía
al cuello, que en mi defensa
recibió el golpe. Cazando
una vez por la aspereza
deste monte, se cubrió
el cielo de nubes negras,
y publicando con truenos
al mundo espantosa guerra,
lanzas arrojaba en agua,
balas disparaba en piedras.
Todos hicieron las hojas
contra las nubes defensa,
siendo ya tiendas de campo
las más ocultas malezas;
y un rayo, que fue en el viento
caliginoso cometa,
volvió en ceniza a los dos
que de mí estaban más cerca.
Ciego, turbado y confuso
vuelvo a mirar lo que era,
y hallé a mi lado una Cruz,
que yo pienso que es la mesma
que asistió a mi nacimiento,
y la que yo tengo impresa
en los pechos; pues los cielos
me han señalado con ella,

para públicos efectos
de alguna causa secreta.
Pero aunque no sé quien soy,
tal espíritu me alienta,
tal inclinación me anima,
y tal ánimo me fuerza,
que por mí me da valor
para que a Julia merezca;
porque no es más la heredada,
que la adquirida nobleza.
Este soy, y aunque conozco
la razón, y aunque pudiera
dar satisfacción bastante
a vuestro agravio, me ciega
tanto la pasión de veros
hablando de esa manera,
que ni os quiero dar disculpa,
ni os quiero admitir la queja.
Y pues queréis estorbar
que yo su marido sea;
aunque su casa la guarde,
aunque un convento la tenga,
de mí no ha de estar segura;
y la que no ha sido buena
para mujer, lo será
para amiga: así desea,
desesperado mi amor
y ofendida mi paciencia,
castigar vuestro desprecio,
y satisfacer mi afrenta.

LISARDO.   Eusebio, donde el acero
ha de hablar, calle la lengua.

*Sacan las espadas: riñen, y Lisardo cae en el suelo y procura
levantarse, y torna a caer*

¡Herido estoy!

EUSEBIO.   ¿Y no muerto?

LISARDO.   No, que en los brazos me queda
            aliento para... ¡Ay de mí!
            faltó a mis plantas la tierra.
EUSEBIO.   Y falte a tu voz la vida.
LISARDO.   No me permitas que muera
            sin confesión.
EUSEBIO.   ¡Muere, infame!
LISARDO.   No me mates, por aquella
            Cruz en que Cristo murió.
EUSEBIO.   Aquesa voz te defienda
            de la muerte. Alza del suelo;
            que cuando por ella ruegas,
            falta rigor a la ira,
            y falta a los brazos fuerza.
            Alza del suelo.
LISARDO.   No puedo;
            porque ya en mi sangre envuelta
            voy despreciando la vida,
            y el alma pieɪso que espera
            a salir, porque entre tantas
            no sabe cuál es la puerta.
EUSEBIO.   Pues fíate de mis brazos,
            y anímate; que aquí cerca
            unos penitentes monjes
            viven en oscuras cuevas,
            donde podrás confesarte
            si vivo a sus puertas llegas.
LISARDO.   Pues yo te doy mi palabra,
            por esa piedad que muestras,
            que si yo merezco verme
            en la divina presencia
            de Dios, pediré que tú
            sin confesarte no mueras.

Llévale en los brazos, y sale Gil de donde estaba escondido,
y Tirso, Blas, y Menga y Toribio

GIL.	¡Han visto lo que le debe!
	La caridad está buena ;
	pero yo se la perdono.
	¡Matarlo y llevarlo a cuestas!
TORIBIO.	¿Aquí dices que quedaba?
MENGA.	Aquí se quedó con ella.
TIRSO.	Mírale allí embelesado.
MENGA.	Gil, ¿qué mirabas?
GIL.	¡Ay Menga!
TIRSO.	¿Qué te ha sucedido?
GIL.	¡Ay Tirso!
TORIBIO.	¿Qué viste? Dános respuesta.
GIL.	¡Ay Toribio!
BLAS.	Di, ¿qué tienes,
	Gil, o de qué te lamentas?
GIL.	¡Ay Blas, ay amigos míos!
	No lo sé más que una bestia.
	Matóle y cargó con él,
	sin duda a salar le lleva.
MENGA.	¿Quién le mató?
GIL.	¿Qué sé yo?
TIRSO.	¿Quién murió?
GIL.	No sé quién era.
TORIBIO.	¿Quién cargó?
GIL.	¿Qué sé yo quién?
BLAS.	¿Y quién lo llevó?
GIL.	Quienquiera.
	Pero porque io sepáis,
	venid todos.
TIRSO.	¿Dó nos llevas?
GIL.	No lo sé ; pero venid,
	que los dos van aquí cerca.

Vanse todos

(Sala en casa de Curcio, en Sena)

Salen Arminda y Julia

JULIA.   Déjame, Arminda, llorar
una libertad perdida,
pues donde acaba la vida,
también acaba el pesar.
        ¿Nunca has visto de una fuente
bajar un arroyo manso,
siendo apacible descanso,
el valle de su corriente;
        y cuando le juzgan falto
de fuerza las flores bellas,
pasa por encima dellas
rompiendo por lo más alto?
        Pues mis penas, mis enojos,
la misma experiencia han hecho;
detuviéronse en el pecho
y salieron por los ojos.
        Deja que llore el rigor
de un padre.

ARMINDA.   Señora, advierte...
JULIA.   ¿Qué más venturosa suerte
hay, que morir de dolor?
        Pena que deja vencida
la vida, ser gloria ordena;
que no es muy grande la pena
que no acaba con la vida.

ARMINDA.   ¿Qué novedad obligó
tu llanto?

JULIA.   ¡Ay, Arminda mía!
Cuantos papeles tenía
de Eusebio, Lisardo halló
en mi escritorio.

ARMINDA.   ¿Pues él
supo que estaban allí?
JULIA.   Como aqueso contra mí
hará mi estrella cruel.

Yo (¡ay de mí!) cuando le vía
el cuidado con que andaba,
pensé que lo sospechaba,
pero no que lo sabía.

Llegó a mí, descolorido,
y entre apacible y airado,
me dijo que había jugado,
Arminda, y que había perdido.

Que una joya le prestase
para volver a jugar;
por presto que la iba a dar,
no aguardó a que la sacase.

Tomó él la llave y abrió
con una cólera inquieta,
y en la primera naveta
con los papeles topó.

Miróme y volvió a cerrar.
Y sin decir nada (¡ay Dios!)
buscó a mi padre, y los dos
(¿quién duda para tratar
mi muerte?) gran rato hablaron
cerrados en su aposento;
salieron, y hacia el convento
los dos sus pasos guiaron,
según Otavio me dijo.
Y si lo que está tratado
ya mi padre ha afetüado,
con justa causa me aflijo;
porque si de aquesta suerte
que olvide a Eusebio desea,
antes que monja me vea,
yo misma me daré muerte.

Sale Eusebio

EUSEBIO.   [*Ap.*]
                    Ninguno tan atrevido
          si no tan desesperado,
          viene a tomar por sagrado
          la casa del ofendido.
                    Antes que sepa la muerte
          de Lisardo, Julia bella,
          hablar quisiera con ella,
          porque a mi tirana suerte
                    algún remedio consigo
          si, ignorado mi rigor,
          puede obligarla el amor
          a que se vaya conmigo ;
                    y cuando llegue a saber
          de Lisardo el hado injusto
          hará de la fuerza gusto
          mirándose en mi poder.
                    Hermosa Julia.

JULIA.   ¿Qué es esto?
          ¿Tú en esta casa?

EUSEBIO.   El rigor
          de mi desdicha y tu amor
          en tal peligro me han puesto.

JULIA.   Pues ¿cómo has entrado aquí
          y emprendes tan loco extremo?

EUSEBIO.   Como la muerte no temo...

JULIA.   ¿Qué es lo que intentas así?

EUSEBIO.   Hoy obligarte deseo,
          Julia, porque agradecida
          des a mi amor nueva vida,
          nueva gloria a mi deseo.
                    Yo he sabido cuánto ofende
          a tu padre mi cuidado:
          que a su noticia ha llegado
          nuestro amor, y que pretende

que tú recibas mañana
el estado que desea,
para que mi dicha sea,
como mi esperanza, vana.

Si ha sido gusto, si ha sido
amor el que me has mostrado,
si es verdad que me has amado,
si es cierto que me has querido,
vente conmigo: pues ves
que no tiene resistencia
de tu padre la obediencia,
deja tu casa; y después

que habrá mil remedios piensa;
pues ya en mi poder es justo
que haga de la fuerza gusto,
y obligación de la ofensa.

Villas tengo en que guardarte,
gente con que defenderte,
hacienda para ofrecerte
y un alma para adorarte.

Si darme vida deseas,
si es verdadero tu amor,
atrévete, o el dolor
hará que mi muerte veas.

JULIA.　　　　Oye, Eusebio.
ARMINDA.　　　　　　　Mi señor
viene, señora.

JULIA.　　　　　　　　¡Ay de mí!
EUSEBIO.　¿Pudiera hallar contra mí
la fortuna más rigor?

JULIA.　　　¿Podrá salir?
ARMINDA.　　　　　　　No es posible
que se vaya; porque ya
llamando a la puerta está.

JULIA.　　¡Grave mal!
EUSEBIO.　　　　　　¡Pena terrible!
¿Qué haré?

JULIA.   Esconderte es forzoso.
EUSEBIO.   ¿Dónde?
JULIA.   En aquese aposento.
ARMINDA.   Presto, que sus pasos siento.

Escóndese Eusebio y sale Curcio, viejo venerable,
padre de Julia

CURCIO.   Hija, si por el dichoso
                 estado que tú codicias,
             y que ya seguro tienes,
             no das a mis parabienes
             la vida y alma en albricias,
                 del deseo que he tenido
             no agradeces el cuidado.
             Todo queda efetüado,
             y todo tan prevenido,
                 que sólo falta ponerte
             la más bizarra y hermosa,
             para ser de Cristo esposa:
             mira ¡qué dichosa suerte!
                 Hoy aventajas a todas
             cuantas saben envidiar,
             pues te verán celebrar
             aquestas divinas bodas.
                 ¿Qué dices?
JULIA.   *(Ap.)*   ¿Qué puedo hacer?
EUSEBIO.   *(Ap.)*
             Yo me doy la muerte aquí,
             si ella le dice que sí.
JULIA.   *(Ap.)*
             No sé cómo responder.
                 Bien, señor, la autoridad
             de padre, que es preferida,
             imperio tiene en la vida;
             pero no en la libertad.

   ¿Pues que supiera antes yo
tu intento, no fuera bien?
¿Y que tú, señor, también
supieras mi gusto?

CURCIO.   No;
 que sola mi voluntad
en lo justo o en lo injusto,
has de tener por tu gusto.

JULIA. Sólo tiene libertad
 un hijo para escoger
estado; que el hado impío
no fuerza el libre albedrío.
Déjame pensar y ver
 despacio eso; y no te espante
ver que término te pida;
que el estado de una vida
no se toma en un instante.

CURCIO. Basta, que yo le he mirado,
y yo por ti he dado el sí.

JULIA. Pues si tú vives por mí,
toma también el estado.

CURCIO. ¡Calla, infame! ¡Calla, loca!
Que haré de aqueste cabello
un lazo para tu cuello,
o sacaré de tu boca
 con mis manos la atrevida
lengua, que de oir me ofendo.

JULIA. La libertad te defiendo,
señor, pero no la vida.
 Acaba su curso triste,
y acabará tu pesar;
que mal te puedo negar
la vida que tú me diste:
 la libertad que me dio
el cielo, es la que te niego.

CURCIO. En ese punto a creer llego
lo que el alma sospechó,

que no fue buena tu madre,
y manchó mi honor alguno;
pues hoy tu error importuno
ofende el honor de un padre,
    a quien el sol no igualó,
en resplandor y belleza,
sangre, honor, lustre y nobleza.

JULIA.   Eso no he entendido yo,
            por eso no he respondido.

CURCIO   Arminda, salte allá fuera.

                    Vase Arminda

Y ya que mi pena fiera
tantos años he tenido
    secreta, de mis enojos
la ciega pasión obliga
a que la lengua te diga
lo que te han dicho los ojos.
    La señoría de Sena,
por dar a mi sangre fama,
en su nombre me envió
a dar la obediencia al papa
Urbano Tercio. Tu madre,
que con opinión de santa
fue en Sena común ejemplo
de las matronas romanas,
y aun de las nuestras (no sé
cómo mi lengua la agravia;
mas ¡ay infelice! tanto
la satisfacción engaña),
en Sena quedó y yo estuve
en Roma con la embajada
ocho meses; porque entonces
por concierto se trataba
que esta señoría fuese

del pontífice: Dios haga
lo que a su estado convenga,
que aquí importa poco o nada.
Volví a Sena, y hallé en ella...
aquí el aliento me falta,
aquí la lengua enmudece,
y aquí el ánimo desmaya.
Hallé (¡ay injusto temor!)
a tu madre tan preñada,
que para el infeliz parto
cumplía las nueve faltas.
Ya me había prevenido
por sus mentirosas cartas
esta desdicha, diciendo
que, cuando me fui, quedaba
con sospecha; y yo la tuve

de mi deshonra tan clara,
que discurriendo en mi agravio,
imaginé mi desgracia.
No digo que verdad sea;
pero quien nobleza trata,
no ha de aguardar a creer,
que el imaginar le basta.
¿Qué importa que un noble sea
desdichado (¡oh ley tirana

de honor! ¡oh bárbaro fuero
del mundo!) si la ignorancia
le disculpa? Mienten, mienten
las leyes; porque no alcanza
los misterios al efecto
quien no previene la causa.
¿Qué ley culpa a un inocente?
¿Qué opinión a un libre agravia?
Miente otra vez; que no es
deshonra, sino desgracia.
¡Bueno es que en leyes de honor

le comprenda tanta infamia
al Mercurio que le roba,
como al Argos que le guarda!
¿Qué deja el mundo, qué deja,
si así al inocente infama,
de deshonra, para aquel
que lo sabe y que lo calla?
Yo entre tantos pensamientos,
yo entre confusiones tantas,
ni vi regalo en la mesa,
ni hice descanso en la cama.
Tan desabrido conmigo
estuve, que me trataba
como ajeno el corazón,
y como a tirano el alma.
Y aunque a veces discurría
en su abono, y aunque hallaba
verisímil la disculpa,
pudo en mí tanto la instancia
del temer que me ofendía,
que con saber que fue casta,
tomé de mis pensamientos,
no de sus culpas, venganza.
Y porque con más secreto
fuese, previne una caza
fingida, porque a un celoso
sólo lo fingido agrada.
Al monte fui, y cuando todos
entretenidos estaban
en su alegre regocijo,
con amorosas palabras
(¡qué bien las dice quien miente!,
¡qué bien las cree quien ama!)
llevé a Rosmira, tu madre,
por una senda apartada
del camino, y divertida

llegó a una secreta estancia
deste monte, a cuyo albergue
el sol ignora la entrada,
porque se la defendían
rústicamente enlazadas,
por no decir que amorosas,
árboles, hojas y ramas.
Aquí, pues, [a] donde apenas
huella imprimió mortal planta,
solos los dos...

Sale Arminda

ARMINDA.   Si el valor,
que el noble pecho acompaña,
señor, y si la experiencia
que te han dado honrosas canas,
en la desdicha presente
no te niega o no te falta,
examen será el valor
de tu ánimo.

CURCIO.   ¿Qué causa
te obliga a que así interrumpas
mi razón?

ARMINDA.   Señor...

CURCIO.   Acaba ;
que más la duda [me] ofende.

JULIA.   ¿Por qué te suspendes? Habla.

ARMINDA.   No quisiera ser la voz
de mi pena y tu desgracia.

CURCIO.   No temas decirla tú,
pues yo no temo escucharla.

ARMINDA.   A Lisardo, mi señor...

EUSEBIO.   Esto sólo me faltaba.

ARMINDA.   Bañado en su sangre traen,
en una silla por andas,

cuatro rústicos pastores,
muerto (¡ay Dios!) a puñaladas;
mas ya a tu presencia llega:
no le veas.

CURCIO.   ¡Cielos! ¿Tantas
penas para un desdichado?
¡Ay de mí!

*Salen los villanos Gil, Menga. Tirso, Blas y Toribio con
Lisardo en una silla, ensangrentado el rostro*

JULIA.   Pues ¿qué inhumana
fuerza ensangrentó la ira
en su pecho? ¿Qué tirana
mano se bañó en mi sangre,
contra su inocencia airada?
¡Ay de mí!

ARMINDA.   Mira, señora...

BLAS.   No llegues a verle.

CURCIO.   Aparta.

TIRSO.   Detente, señor.

CURCIO.   Amigos,
no puede sufrirlo el alma.
Dejadme ver ese cadáver frío,
depósito infeliz de heladas venas,
ruina del tiempo, estrago del impío
hado, teatro funesto de mis penas.
¿Qué tirano rigor (¡ay hijo mío!)
trágico monumento en las arenas
construyó, porque hiciste en quejas vanas
mortaja triste de mis blancas canas?
¡Ay amigos! decid: ¿quién fue homicida
de un hijo, en cuya vida yo animaba?

MENGA.   Gil lo dirá, que, al verle dar la herida,
oculto entre unos árboles estaba.

CURCIO.   Di, amigo, di, ¿quién me quitó esta vida?

GIL. Yo sólo sé que Eusebio se llamaba
cuando con él reñía.

CURCIO.   ¿Hay más deshonra?
Eusebio me ha quitado vida y honra.

A Julia

Disculpa agora tú de sus crueles
deseos la ambición ; di que concibe
casto amor, pues a falta de papeles
lascivos gustos con tu sangre escribe.

JULIA. Señor...

CURCIO.   No me respondas como sueles:
a tomar hoy estado te apercibe,
o apercibe también a tu hermosura
con Lisardo temprana sepultura.
Los dos a un tiempo el sentimiento esquivo,
en este día sepultar concierta,
el muerto al mundo, en mi memoria vivo,
tú, viva al mundo, en mi memoria muerta.
Y en tanto que el entierro os apercibo,
porque no huyas cerraré esta puerta.
Queda con él, porque de aquesta suerte,
lecciones al morir te dé su muerte.

Vanse

*Vanse todos y queda Julia en medio de Lisardo y Eusebio,
que sale por otra puerta*

JULIA.   Mil veces procuro hablarte,
tirano Eusebio, y mil veces
el alma duda, el aliento
falta y la lengua enmudece.
No sé, no sé cómo pueda
hablar ; porque a un tiempo vienen
envueltas iras piadosas
entre piedades crueles.

Quisiera cerrar los ojos
a aquesta sangre inocente,
que está pidiendo venganza,
desperdiciando claveles:
y quisiera hallar disculpa
en las lágrimas que viertes;
que al fin heridas y ojos
son bocas que nunca mienten.
Y en una mano el amor,
y en otra el rigor presente,
quisiera a un tiempo, quisiera
castigarte y defenderte;
y entre ciegas confusiones
de pensamientos tan fuerte,
la clemencia me combate,
el sentimiento me vence.
¿Desta suerte solicitas
obligarme? ¿Desta suerte,
Eusebio, en vez de finezas,
con crueldades me pretendes?
Cuando de mi boda el día
resuelta espera [ba], ¡quieres
que en vez de apacibles bodas,
tristes obsequias celebre!
Cuando por tu gusto era
a mi padre inobediente,
¡lutos funestos me das
en vez de galas alegres!
Cuando, arriesgando mi vida,
hice posible el quererte,
¡en vez de tálamo (¡ay cielos!)
un sepulcro me previenes!
Y cuando mi mano ofrezco,
despreciando inconvenientes
de honor, ¡la tuya bañada
en mi sangre me la ofreces!

¿Qué gusto tendré en tus brazos,
si para llegar a verme
dando vida a nuestro amor,
voy tropezando en la muerte?
¿Qué dirá el mundo de mí,
sabiendo que tengo siempre,
si no presente el agravio,
quien le cometió presente?
Pues cuando quiera el olvido
sepultarle, sólo el verte·
entre mis brazos será
memoria con que me acuerde.
Yo entonces, yo, aunque te adore,
los amorosos placeres
trocaré en iras, pidiendo
venganzas; pues ¿cómo quieres
que viva sujeta un alma
a efectos tan diferentes,
que esté esperando el castigo
y deseando que no llegue?
Basta, por lo que te quise,
perdonarte, sin que esperes
verme en tu vida, ni hablarme.
Esa ventana, que tiene
salida al jardín, podrá
darte paso, por ahí puedes
escaparte; huye el peligro,
porque, si mi padre viene,
no te halle aquí. Vete, Eusebio,
y mira que no te acuerdes
de mí; que hoy me pierdes tú
porque quisiste perderme.
Vete, y vive tan dichoso,
que tengas felicemente
bienes, sin que a los pesares
pagues pensión de los bienes.

Que yo haré para mi vida
una celda prisión breve,
si no sepulcro, pues ya
mi padre enterrarme quiere.
Allí lloraré desdichas
de un hado tan inclemente,
de una fortuna tan fiera,
de una inclinación tan fuerte,
de un planeta tan opuesto,
de una estrella tan rebelde,
de un amor tan desdichado,
de una mano tan aleve,
que me ha quitado la vida
y no me ha dado la muerte,
porque entre tantos pesares
siempre viva y muera siempre.

EUSEBIO. Si acaso más que tus voces
son ya tus manos crueles
para tomar la venganza,
rendido a tus pies me tienes.
Preso me trae mi delito,
tu amor es la cárcel fuerte,
las cadenas son mis yerros,
prisiones que el alma teme,
verdugo es mi pensamiento;
si son tus ojos los jueces,
y ellos me dan la sentencia,
por fuerza será de muerte.
Mas dirá entonces la fama
en su pregón: «Éste muere
porque quiso», pues que sólo
es mi delito quererte.
No pienso darte disculpa;
no parezca que la tiene
tan grande error; sólo quiero
que me mates y te vengues.

Toma esta daga, y con ella
rompe un pecho que te ofende,
saca un alma que te adora,
y tu misma sangre vierte.
Y si no quieres matarme,
para que a vengarse llegue
tu padre, diré que estoy
en tu aposento.

JULIA. ¡Detente!
Y por última razón,
que he de hablarte eternamente,
¿has de hacer lo que te digo?

EUSEBIO. Yo lo concedo.

JULIA. Pues vete.
adonde guardes tu vida.
Hacienda tienes, y gente
que te podrá defender.

EUSEBIO. Mejor será que yo quede
sin ella; porque si vivo,
será imposible que deje
de adorarte, y no has de estar,
aunque un convento te encierre,
segura.

JULIA. Guárdate tú,
que yo sabré defenderme.

EUSEBIO. ¿Volveré yo a verte?

JULIA. No.

EUSEBIO. ¿No hay remedio?

JULIA. No le esperes.

EUSEBIO. ¿Que al fin me aborreces ya?

JULIA. Haré por aborrecerte.

EUSEBIO. ¿Olvidarásme?

JULIA. No sé.

EUSEBIO. ¿Vérete yo?

JULIA. Eternamente.

EUSEBIO. Pues ¿aquel pasado amor...?

JULIA.   Pues ¿esta sangre presente...?
              La puerta abren: vete, Eusebio.
EUSEBIO.   Iré por obedecerte.
              ¡Que no he de volverte a ver!
JULIA.   ¡Que no has de volver a verme!

Ruido dentro; vanse cada uno por su puerta; y llevan
el cuerpo

JORNADA SEGUNDA

*Ruido de arcabuces; salen Ricardo, Celio y Eusebio
de bandoleros, con arcabuces*

RICARDO. Pasó el plomo violento
el pecho.

CELIO. Y hace el golpe más sangriento,
que con su sangre la tragedia imprima
en tierna flor.

EUSEBIO. Ponle una cruz encima,
y perdónele Dios.

RICARDO. Las devociones
nunca faltan del todo a los ladrones.

Vase Ricardo

EUSEBIO. Y pues mis hados fieros
me traen a capitán de bandoleros,
llegarán mis delitos
a ser, como mis penas, infinitos.
Como si diera muerte
a Lisardo a traición, de aquesta suerte
mi patria me persigue,
porque su furia y mi despecho obligue
a que guarde una vida,
siendo de tantas bárbaro homicida.
Mi hacienda me han quitado,
mis villas confiscado,
y a tanto rigor llegan,

que el sustento me niegan,
y, pues le he de buscar desesperado,
no toque pasajero
el término del monte, si primero
no rinde hacienda y vida.

Salen Ricardo y bandoleros con Alberto, viejo

RICARDO.   Llegando a ver la boca de la herida,
escucha, capitán, el más extraño
suceso.
EUSEBIO.   Ya deseo el desengaño.
RICARDO.   Hallé el plomo desecho
en este libro que tenía en el pecho,
sin haber penetrado,
y al caminante sólo desmayado:
Vesle aquí sano y bueno.
EUSEBIO.   De espanto estoy y admiraciones lleno.
¿Quién eres, venerable
caduco, a quien los cielos admirable
han hecho con prodigio milagroso?
ALBERTO.   Yo soy, ¡oh capitán!, el más dichoso
de cuantos hombres hay; que he merecido
ser sacerdote indigno; yo he leído
en Bolonia sagrada teología
cuarenta y cuatro años.
Su Santidad me daba
de Trento el obispado
premio de mis estudios; y admirado
de ver que yo tenía
cuenta de tantas almas,
y que apenas la daba de la mía,
los laureles dejé, dejé las palmas,
y huyendo sus engaños,
vengo a buscar seguros desengaños
en estas soledades,
donde viven desnudas las verdades.

Paso a Roma a que el Papa me conceda
licencia, capitán, para que pueda
fundar un orden santo de eremitas;
mas tu saña atrevida
quita el hilo a mi suerte y a la vida.

EUSEBIO.   ¿Qué libro es éste, [di]?

ALBERTO.   Éste es el fruto,
que rinde a mis estudios el tributo
de tantos años.

EUSEBIO.   ¿Qué es lo que contiene?

ALBERTO.   Él trata del origen verdadero
de aquel divino y celestial madero
[en que animoso y fuerte,
muriendo, triunfó Cristo de la muerte].
El libro, al fin, se llama
«Milagros de la Cruz.»

EUSEBIO.   ¡Qué bien la llama
de aquel plomo inclemente,
más que la cera, se mostró obediente!
¡Pluguiera a Dios, mi mano,
antes que blanco su papel hiciera
de aquel golpe tirano,
entre su fuego ardiera!
Lleva ropa y dinero
y la vida; sólo este libro quiero.
Y vosotros salidle acompañando
hasta dejarle libre.

ALBERTO.   Iré rogando
al Señor te dé luz para que veas
el error en que vives.

EUSEBIO.   Si deseas
mi bien, pídele a Dios que no permita
muera sin confesión.

ALBERTO.   Yo te prometo
seré ministro en tan piadoso efeto,
y te doy mi palabra
(tanto en mi pecho tu clemencia labra)

que si me llamas en cualquiera parte,
dejaré mi desierto
por ir a confesarte:
un sacerdote soy; mi nombre, Alberto.

EUSEBIO.   ¿Tal palabra me das?

ALBERTO.   Y la confieso
con la mano.

EUSEBIO.   Otra vez tus plantas beso.

Vase; y sale Chilindrina, bandolero

CHILIND.   Hasta venir a hablarte,
el monte atravesé de parte a parte.

EUSEBIO.   ¿Qué hay amigo?

CHILIND.   Dos nuevas harto malas.

EUSEBIO.   A mi temor el sentimiento igualas.
¿Qué son?

CHILIND.   Es la primera
(decirla no quisiera),
que al padre de Lisardo
han dado...

EUSEBIO.   Acaba, que el efeto aguardo.

CHILIND.   Comisión de prenderte o de matarte.

EUSEBIO.   Esotra nueva temo
más, porque con un confuso extremo,
al corazón parece que camina
toda el alma, adivina
de algún futuro daño.
¿Qué ha sucedido?

CHILIND.   A Julia...

EUSEBIO.   No me engaño,
en prevenir tristezas,
si para ver mi mal, por Julia empiezas.
¿Julia no me dijiste?,
pues eso basta para verme triste.
¡Mal haya amén la rigurosa estrella
que me obligó a querella!
En fin, Julia... prosigue.

CHILIND.   En un convento
             seglar está.
EUSEBIO.   [¡Ya falta el sufrimiento!]
             ¡Que el cielo me castigue
             con tan grandes venganzas,
             de perdidos deseos,
             de muertas esperanzas,
             que de los mismos cielos,
             por quien me deja, vengo a tener celos!
             Mas ya tan atrevido,
             que viviendo, matando,
             me sustento robando,
             no puedo ser peor de lo que he sido.
             Despéñese el intento,
             pues ya se ha despeñado el pensamiento.
             Llama a Celio y Ricardo. (Ap. ¡Amando
CHILIND.   Voy por ellos. (Vase.)   [muero!)
EUSEBIO.   Ve, y diles que aquí espero.
             Asaltaré el convento que la guarda.
             Ningún grave castigo me acobarda,
             que por verme señor de su hermosura,
             tirano amor me fuerza
             a acometer la fuerza,
             a romper la clausura,
             y a violar el sagrado ;
             que ya del todo estoy desesperado.
             Pues si no me pusiera
             amor en tales puntos,
             solamente lo hiciera
             por cometer tantos delitos juntos.

                    Salen Gil y Menga

MENGA.   ¿Mas que topamos con él,
             según mezquina nací?
GIL.   Menga, yo ¿no voy aquí?
             No temas ese cruel
                capitán de buñoleros ;

	ni el toparlos te alborote;

ni el toparlos te alborote;
que honda llevo yo y garrote.

MENGA.   Temo, Gil, sus hechos fieros;
si no, a Silvia, a mirar ponte,
cuando aquí la acometió;
que doncella al monte entró,
y dueña salió del monte,
que no es peligro pequeño.

GIL.   Conmigo fuera cruel,
que también entro doncel,
y pudiera salir dueño. *(Reparan en Eusebio.)*

MENGA.   *(A Eusebio.)*
¡Ah señor!, que va perdido;
que anda Eusebio por aquí.

GIL.   No eche, señor, por ahí.

EUSEBIO.   *(Ap.)*
Éstos no me han conocido
y quiero disimular.

GIL.   ¿Quiere que aquese ladrón
le mate?

EUSEBIO.   *(Ap.)*   Villanos son.
¿Con qué podré yo pagar
este aviso?

GIL.   Con huir
de ese bellaco.

MENGA.   Si os coge,
señor, aunque no le enoje
ni vuestro hacer ni decir,
luego os matará; y creed
que con poner tras la ofensa
una cruz encima, piensa
que os hace mucha merced.

Salen Ricardo y Celio

RICARDO.   ¿Dónde le dejaste?

CELIO.   Aquí.

GIL.   *(A Eusebio.)*
            Es un ladrón, no le esperes.
RICARDO. Eusebio, ¿qué es lo que quieres?
GIL.   ¿Eusebio le llamó?
MENGA.   Sí.
EUSEBIO.   Yo soy Eusebio; ¿qué os mueve
            contra mí? ¿No hay quien responda?
MENGA.   Gil, ¿tienes garrote y honda?
GIL.   Tengo el diablo que te lleve.
CELIO.   Por los apacibles llanos
            que hace del monte la falda,
            a quien guarda el mar la espalda,
            vi un escuadrón de villanos
              que armado contra ti viene,
            y pienso que se avecina;
            que así Curcio determina
            la venganza que previene.
              Mira qué piensas hacer:
            junta tu gente, y partamos.
EUSEBIO.   Mejor es que agora huyamos,
            que esta noche hay más que hacer.
              Venid conmigo los dos,
            de quien justamente fío
            la opinión y el honor mío.
RICARDO. Muy bien puedes, que por Dios
              que he de morir a tu lado.
EUSEBIO.   Villanos, vida tenéis,
            sólo porque le llevéis
            a mi enemigo un recado.
              Decid a Curcio que yo
            con tanta gente atrevida
            sólo defiendo la vida,
            pero que le busco no.
              Y que no tiene ocasión
            de buscarme de esta suerte,
            pues no di a Lisardo muerte
            con engaño o con traición.

Cuerpo a cuerpo le maté,
sin ventaja conocida,
y antes de acabar la vida,
en mis brazos le llevé
adonde se confesó,
digna acción para estimarse;
mas que si quiere vengarse,
que he de defenderme yo.

Y agora porque no vean

(A los bandoleros)

aquestos por dónde vamos,
atadlos entre estos ramos:
paredes sus ojos sean,
porque no avisen.

RICARDO.   Aquí
hay cordel.

CELIO.   Pues llega presto.

Átanlos

GIL.   De San Sebastián me han puesto.
MENGA.   De San Sebastiana a mí.
           Mas ate cuanto quisiere,
señor, como no me mate.
GIL.   Oye, señor, no me ate,
y puto sea yo si huyere.
           Jura tú, Menga, también
este mismo juramento.
CELIO.   Ya están atados.
EUSEBIO.   Mi intento
se va ejecutando bien.
           La noche amenaza oscura
tendiendo su negro velo.
Julia, aunque te guarde el cielo,
he de gozar tu hermosura.

Vanse

GIL.   ¿Quién habrá que ahora nos vea,
Menga, aunque caro nos cueste,
que no diga que es aqueste
Peralvillo de la aldea?

MENGA.   Vete llegando hacia aquí,
Gil, que yo no puedo andar.

GIL.   Menga, vénme a desatar,
y te desataré a ti
    luego al punto.

MENGA.   Ven primero
tú, que ya estás importuno.

GIL.   ¿Es decir, que vendrá alguno?
Pondré que falta un arriero
  «Las tres ánades» cantando,
un caminante pidiendo,
un estudiante comiendo,
una santera rezando,
  hoy en aqueste camino,
lo que a ninguno faltó;
mas la culpa tengo yo.

Una voz dentro

[UNA VOZ].   Hacia esta parte imagino
    que oigo voces; llegad presto.

GIL.   Señor, en buen hora acuda
a desatar una duda,
en que ha rato que estoy puesto.

MENGA.   Si acaso buscáis, señor,
por el monte algún cordel,
yo os puedo servir con él.

GIL.   Éste es más gordo y mijor.

MENGA.   Yo, por ser mujer, espero
remedio en las ansias mías.

GIL.   No repare en cortesías,
desáteme a mí primero.

Salen Curcio, Blas, Tirso y Octavio

TIRSO.

    Hacia aquesta parte suena
la voz.

GIL.

        ¡Que te quemas!

TIRSO.

                   Gil,
¿qué es esto?

GIL.

           El diablo es sutil;
desata, Tirso, y mi pena
te diré después.

CURCIO.

               ¿Qué es esto?

MENGA.

Venga en buen hora, señor,
a castigar un traidor.

CURCIO.

¿Quién desta suerte os ha puesto?

GIL.

    ¿Quién? Eusebio, que en efeto
dice... Pero ¿qué sé yo
lo que dice? Él nos dejó
aquí en semejante aprieto.

TIRSO.

    No llores, pues; que no ha estado
hoy muy poco liberal
contigo.

BLAS.

        No lo ha hecho mal,
pues a Menga te ha dejado.

GIL.

    ¡Ay, Tirso! No lloro yo
porque piadoso no fue.

TIRSO.

Pues ¿por qué lloras?

GIL.

               ¿Por qué?
Porque a Menga me dejó.
    La de Antón llevó, y al cabo
de seis que no parecía,
halló a su mujer un día;
hicimos un baile bravo
de hallazgo, y gastó cien reales.

BLAS.

¿Bartolo no se casó
con Catalina, y parió
a seis meses no cabales?

       Y andaba con gran placer
diciendo: ¡Si tú lo vieses!
Lo que hace otra en nueve meses,
hace en cinco mi mujer.

TIRSO.   Ello no hay honra segura.

CURCIO.   ¿Que esto llegue a escuchar yo
deste tirano? ¿Quién vio
tan notable desventura?

MENGA.   Cómo destruirle piensa;
que hasta las mismas mujeres
tomaremos, si tú quieres,
las armas para su ofensa.

GIL.   Que aquí acude es lo más cierto;
y toda esta procesión
de cruces que miras, son,
señor, de hombres que ha muerto.

OCTAVIO.   Es aquí lo más secreto
de todo el monte.

CURCIO.   [*Ap.*]   Y aquí
fue ¡cielos! donde yo vi
aquel milagroso efeto
de inocencia y castidad,
cuya beldad atrevido
tantas veces he ofendido
con dudas, siendo verdad
un milagro tan patente.

OCTAVIO.   Señor, ¿qué nueva pasión
causa tu imaginación?

CURCIO.   Rigores que el alma siente
son, Octavio; y mis enojos,
para publicar mi mengua,
como los niego a la lengua,
me van saliendo a los ojos.
Haz, Octavio, que me deje
solo esa gente que sigo,
porque aquí de mí y conmigo
hoy a los cielos me queje.

OCTAVIO.   Ea, soldados, despejad.
BLAS.   ¿Qué decís?
TIRSO.   ¿Qué pretendéis?
GIL.   Despiojad, ¿no lo entendéis?
              que nos vamos a espulgar.

Vanse

        ¿A quién no habrá sucedido,
tal vez lleno de pesares,
descansar consigo a solas
por no descubrirse a nadie?
Yo a quien tantos pensamientos
a un tiempo afligen, que hacen
con lágrimas y suspiros
competencia al mar y al aire,
compañero de mí mismo
en las mudas soledades,
con la pensión de mis bienes
quiero divertir mis males.
Ni las aves, ni las fuentes
sean testigos bastante:
que al fin las fuentes murmuran
y tienen lenguas las aves.
No quiero más compañía
de aquestos troncos salvajes;
que quien escucha y no aprende
será fuerza que no hable.
Teatro este monte fue
del suceso más notable,
que entre prodigios de celos
cuentan las antigüedades,
de una inocente verdad.
Pero, ¿quién podrá librarse
de sospechas, en quien son
mentirosas las verdades?

Muerte de amor son los celos,
que no perdonan a nadie,
ni por humilde le dejan,
ni le respetan por grave.
Aquí, pues, donde yo digo,
Rosmira y yo... De acordarme,
no es mucho que el alma tiemble,
no es mucho que la voz falte;
que no hay flor que no me asombre,
no hay hoja que no me espante,
no hay piedra que no me admire,
tronco que no me acobarde,
peñasco que no me oprima,
monte que no me amenace,
porque todos son testigos
de una hazaña tan infame.
Saqué al fin la espada, y ella,
sin temerme y sin turbarse,
porque en riesgos de honor nunca
el inocente es cobarde:
«Esposo, dijo, detente;
no digo que no me mates,
si es tu gusto, porque yo
¿cómo he de poder negarte
la misma vida que es tuya?
Sólo te pido que antes
me digas por lo que muero,
y déjame que te abrace.»
Yo la dije: «En tus entrañas,
como la víbora, traes
a quien te ha de dar la muerte.
Indicio ha sido bastante
el parto infame que esperas.
Mas no le verás, que antes
dándote muerte, seré
verdugo tuyo y de un ángel.»

«Si acaso, me dijo entonces,
si acaso, esposo, llegaste
a creer flaquezas mías,
justo será que me mates.
Mas a esta Cruz abrazada,
a ésta que estaba delante,
prosiguió, doy por testigo
de que no supe agraviarte
ni ofenderte; que ella sola
será justo que me ampare.»
Bien quisiera entonces yo,
arrepentido, arrojarme
a sus pies, porque se vía
su inocencia en su semblante.
El que una traición intenta,
antes mire lo que hace;
porque una vez declarado,
aunque procure enmendarse,
por decir que tuvo causa,
lo ha de llevar adelante.
Yo, pues, no porque dudaba
ser la disculpa bastante,
sino porque mi delito
más amparado quedase,
el brazo levanté airado,
tirando por varias partes
mil heridas, pero sólo
las ejecuté en el aire.
por muerta al pie de la Cruz
quedó, y queriendo escaparme,
a casa llegué, y halléla
con más belleza que sale
el alba, cuando en sus brazos
nos presenta el sol infante.
Ella en sus brazos tenía
a Julia, divina imagen

Eusebio vs.
el bandolero de
Condenado
Por Desconfiar

de hermosura y discreción:
(¿qué gloria pudo igualarse
a la mía?) que su parto
había sido aquella tarde
al mismo pie de la Cruz;
y por divinas señales,
con que al mundo descubría
Dios un milagro tan grande,
la niña que había parido,
dichosa con señas tales,
tenía en el pecho una Cruz
labrada de fuego y sangre.
Pero ¡ay! que tanta ventura
templaba el que se quedase
otra criatura en el monte;
que ella, entre penas tan graves,
sintió haber parido dos;
y yo entonces...

Sale Octavio

OCTAVIO.   Por el valle
atraviesa un escuadrón
de bandoleros; y antes
que cierre la noche triste,
será bien, señor, que bajes
a buscarlos, no escurezca;
porque ellos el monte saben,
y nosotros no.

CURCIO.   Pues junta
la gente vaya delante;
que no hay gloria para mí,
hasta llegar a vengarme.

Vanse

(Vista exterior de un convento)

Salen Eusebio, Celio y Ricardo

RICARDO.   Llega con silencio y pon
                a esa parte las escalas.
EUSEBIO.   Ícaro seré sin alas,
                sin fuego seré Faetón.
                Escalar al sol intento,
                y si me quiere ayudar
                la luz, tengo de pasar
                más allá del firmamento.
                Amor ser tirano enseña ;
                en subiendo yo, quitad
                esa escala y esperad
                hasta que os haga una seña.
                Quien subiendo se despeña,
                suba hoy y baje ofendido,
                en cenizas convertido ;
                que la pena del bajar,
                no será parte a quitar
                la gloria de haber subido.
RICARDO.   ¿Qué esperas?
CELIO.   Pues ¿qué rigor
                tu altivo orgullo embaraza?
EUSEBIO.   ¿No veis cómo me amenaza
                un vivo fuego?
CELIO.   Señor,
                fantasmas son del temor.
EUSEBIO.   ¿Yo temor?
CELIO.   Sube.
EUSEBIO.   Ya llego.
                Aunque a tantos rayos ciego,
                por las llamas he de entrar ;
                que no lo podrá estorbar
                de todo el infierno el fuego.   *(Sube y entra.)*

CELIO.   Ya entró.

RICARDO.   Alguna fantasía
de su mismo horror fundada
en la idea acreditada,
o alguna ilusión sería.

CELIO.   Quita la escala.

RICARDO.   Hasta el día
aquí hemos de esperar.

CELIO.   Atrevimiento fue entrar,
aunque yo de mejor gana
me fuera con mi villana ;
mas después habrá lugar.

Vanse

[*Convento, y celda de Julia*]

Sale Eusebio

EUSEBIO.   Por todo el convento he andado,
sin ser de nadie sentido,
y por cuanto he discurrido,
de mi destino guiado,
a mil celdas he llegado
de religiosas, que abiertas
tienen las estrechas puertas,
y en ninguna a Julia vi.
¿Dónde me lleváis así,
esperanzas siempre inciertas?

¡Qué horror! ¡qué silencio mudo!
¡Qué oscuridad tan funesta!
Luz hay aquí ; celda es ésta,
y en ella Julia. ¡Qué dudo!

Corre una cortina

¿Tan poco el valor ayudo,
que agora en hablalla tardo?

¿Qué es lo que espero?, ¿qué aguardo?
Mas con impulso dudoso,
si me animo temeroso,
animoso me acobardo.
       Más belleza la humildad
deste traje la asegura,
que en la mujer la hermosura
es la misma honestidad.
Su peregrina beldad,
de mi torpe amor objeto,
hace en mí mayor efeto ;
que a un tiempo a mi amor incito,
con la hermosura apetito,
con la honestidad respeto.
       ¡Julia!, ¡ah Julia!

JULIA.   ¿Quién me nombra?
Mas ¡cielos! ¿qué es lo que veo?
¿Eres sombra del deseo
o del pensamiento sombra?

EUSEBIO.   ¿Tanto el mirarme te asombra?

JULIA.   ¿Pues quién habrá que no intente
huir de ti?

EUSEBIO.   Julia, detente.

JULIA.   ¿Qué quieres, forma fingida,
de la idea repetida,
sólo a la vista aparente?
       ¿Eres, para pena mía,
voz de la imaginación?
¿Retrato de la ilusión?
¿Cuerpo de la fantasía?
¿Fantasma en la noche fría?

EUSEBIO.   Julia, escucha, Eusebio soy,
que vivo a tus pies estoy ;
que si el pensamiento fuera,
siempre contigo estuviera.

JULIA.   Desengañándome voy
       con oirte, y considero

que mi recato ofendido
más te quisiera fingido,
Eusebio, que verdadero.
Donde yo llorando muero,
donde yo vivo penando,
¿qué quieres?, ¡estoy temblando!,
¿qué buscas?, ¡estoy muriendo!,
¿qué emprendes?, ¡estoy temiendo!,
¿qué intentas?, ¡estoy dudando!
        ¿Cómo has llegado hasta aquí?

EUSEBIO.   Todo es extremos amor,
y mi pena y tu rigor
hoy han de triunfar de mí.
Hasta verte aquí, sufrí
con esperanza segura ;
pero viendo tu hermosura
perdida, he atropellado
el respeto del sagrado
y la ley de la clausura.
        De lo cierto o de lo injusto
los dos la culpa tenemos,
y en mí vienen dos extremos,
que son la fuerza y el gusto.
No puede darle disgusto
al cielo mi pretensión ;
antes de esta ejecución,
casada eras en secreto,
y no cabe en un sujeto
matrimonio y religión.

JULIA.   No niego el lazo amoroso,
que hizo con felicidades
unir a dos voluntades.
Que fue su efeto forzoso ;
que te llamé amado esposo,
y que todo eso fue así,
confieso ; pero ya aquí,

con voto de religiosa,
a Cristo de ser su esposa
mano y palabra le di.
  Ya soy suya, ¿qué me quieres?
Vete, porque el mundo asombres,
donde mates a los hombres,
donde fuerces las mujeres.
Vete, Eusebio; ya no esperes
fruto de tu loco amor;
para que te cause horror,
que estoy en sagrado piensa.

EUSEBIO. Cuanto es mayor tu defensa,
es mi apetito mayor.
  Ya las paredes salté
del convento, ya te vi;
no es amor quien vive en mí,
causa más oculta fue.
Cumple mi gusto, o diré
que tú misma me has llamado,
que me has tenido encerrado
en tu celda muchos días:
y pues las desdichas mías
me tienen desesperado,
  daré voces; sepan...

JULIA.   Tente,
Eusebio, mira... (¡ay de mí!)
pasos siento por aquí,
al coro atraviesa gente.
¡Cielos, no sé lo que intente!
Cierra esa celda, y en ella
estarás, pues atropella
un temor a otro temor.

EUSEBIO. ¡Qué poderoso es mi amor!
JULIA. ¡Qué rigurosa es mi estrella!

Vanse

[*Vista exterior del convento*]

Salen Ricardo y Celio

RICARDO. Ya son las tres, mucho tarda.
CELIO. El que goza su ventura,
Ricardo, en la noche oscura,
nunca el claro sol aguarda.
    Yo apuesto que le parece
que nunca el sol madrugó
tanto, y que hoy apresuró
su curso.
RICARDO.   Siempre amanece
    más temprano a quien desea;
pero al que goza, más tarde.
CELIO. No creas que al sol aguarde
que en el oriente se vea.
RICARDO. Dos horas son ya.
CELIO.   No creo
que Eusebio lo diga.
RICARDO.   Es justo;
porque al fin son de su gusto
las horas de tu deseo.
CELIO. ¿No sabes lo que he llegado
hoy, Ricardo, a sospechar?
Que Julia le envió a llamar.
RICARDO. Pues si no fuera llamado,
    ¿quién a escalar se atreviera
un convento?
CELIO.   ¿No has sentido,
Ricardo, a esta parte ruido?
RICARDO. Sí.
CELIO.   Pues llega la escalera.

Salen por lo alto Julia y Eusebio

EUSEBIO. Déjame, mujer.
JULIA.   Pues cuando
vencida de tus deseos,

movida de tus suspiros,
obligada de tus ruegos,
de tu llanto agradecida,
dos veces a Dios ofendo,
como a Dios y como a esposo,
¡mis brazos dejas, haciendo
sin esperanzas desdenes,
y sin posesión desprecios!
¿Dónde vas?

EUSEBIO.   Mujer, ¿qué intentas?
Déjame, que voy huyendo
de tus brazos, porque he visto
no sé qué deidad en ellos.
Llamas arrojan tus ojos,
tus suspiros son de fuego,
un volcán cada razón,
un rayo cada cabello,
cada palabra es mi muerte,
cada regalo un infierno:
tantos temores me causa
la Cruz que he visto en tu pecho.
Señal prodigiosa ha sido,
y no permitan los cielos
que, aunque tanto los ofenda,
pierda a la Cruz el respeto.
Pues si la hago testigo
de las culpas que cometo,
¿con qué vergüenza después
llamarla en mi ayuda puedo?
Quédate en tu religión,
Julia: yo no te desprecio,
que más agora te adoro.

JULIA.   Escucha, detente, Eusebio.
EUSEBIO.   Ésta es la escala.
JULIA.   Detente,
o llévame allá.
EUSEBIO.   No puedo,   (Baja Eusebio.)

> pues que sin gozar la gloria
> que tanto esperé, te dejo.
> ¡Válgame el cielo! Caí.   *(Cae.)*

RICARDO.   ¿Qué ha sido?

EUSEBIO.   ¿No ves la esfera del fuego
> poblada de ardientes rayos?
> ¿No miras sangriento el cielo
> que todo sobre mí viene?
> ¿Dónde estar seguro puedo,
> si airado el cielo se muestra?
> Divina Cruz, yo os prometo,
> y os hago solemne voto,
> con cuantas cláusulas puedo,
> de en cualquier parte que os vea,
> las rodillas por el suelo,
> rezar un Ave María.

Vanse llevándole y dejan la escalera

JULIA.   [*En la ventana.*]
> Turbada y confusa quedo.
> ¿Aquestas fueron, ingrato,
> las firmezas? ¿Éstos fueron
> los extremos de tu amor?
> ¿O son de mi amor extremos?
> Hasta vencerme a tu gusto,
> con amenazas, con ruegos,
> aquí amante, allí tirano,
> porfiaste; pero luego
> que de tu gusto y mi pena
> pudiste llamarte dueño,
> antes de vencer, huiste.
> ¿Quién, sino tú, venció huyendo?
> ¡Muerta soy, cielos piadosos!
> ¿Por qué introdujo venenos
> Naturaleza, si había,
> para dar muerte desprecios?

Ellos me quitan la vida,
pues que con nuevo tormento
lo que me desprecia busco.
¿Quién vio tan dudoso efecto
de amor? Cuando me rogaba
con mil lágrimas Eusebio,
le dejaba; pero agora,
porque él me deja, le ruego.
Tales somos las mujeres,
que contra nuestros deseos,
aun no queremos dar gusto
con lo mismo que queremos.
Ninguno nos quiera bien
si pretende alcanzar premio;
que queridas despreciamos
y aborrecidas queremos.
No siento que no me quiera,
sólo que me deje siento.
Por aquí cayó, tras él
me arrojaré. ¿Mas qué es esto?
¿Ésta no es escala? Sí.
¡Qué terrible pensamiento!
Detente, imaginación,
no me despeñes; que creo
que si llego a consentir,
a hacer el delito llego.
¿No saltó Eusebio por mí
las paredes del convento?
¿No me holgué de verle yo
en tantos peligros puesto
por mi causa? ¿Pues qué dudo?
¿Qué me acobardo?, ¿qué temo?
Lo mismo haré yo en salir
que él en entrar: si es lo mesmo,
también se holgará de verme
por su causa en tales riesgos.

culpabilidad Ya por haber consentido
la misma culpa merezco;
pues si es tan grande el pecado,
¿por qué el gusto ha de ser menos?
Si consentí, y me dejó
Dios de su mano, ¿no puedo
de una culpa, que es tan grande,
tener perdón? ¿Pues qué espero?

    [Baja por la escala]

Al mundo, al honor, a Dios
hallo perdido el respeto,
cuando a ceguedad tan grande
vendados los ojos vuelvo.
Demonio soy que he caído
despeñado deste cielo,
pues sin tener esperanza
de subir, no me arrepiento.   *igual que*
Ya estoy fuera de sagrado,   *del Condenado*
y de la noche el silencio
con su oscuridad me tiene
cubierta de horror y miedo.
Tan deslumbrada camino,
que en las tinieblas tropiezo,
y aun no caigo en mi pecado.
¿Dónde voy?, ¿qué hago?, ¿qué intento?
Con la muda confusión
de tantos horrores, temo
que se me altera la sangre,
que se me eriza el cabello.
Turbada la fantasía
en el aire forma cuerpos,
y sentencias contra mí
pronuncia la voz del eco.
El delito, que antes era
quien me animaba soberbio,
es quien me acobarda agora.

Apenas las plantas puedo
mover, que el mismo temor
grillos a mis pies ha puesto.
Sobre mis hombros parece
que carga un prolijo peso
que me oprime, y toda yo
estoy cubierta de hielo.
No quiero pasar de aquí,
quiero volverme al convento,
donde de aqueste pecado
alcance perdón; pues creo
de la clemencia divina,
que no hay luces en el cielo,
que no hay en el mar arenas,
no hay átomos en el viento,
que, sumados todos juntos,   *la cobardía*
no sean número pequeño
de los pecados que sabe
Dios perdonar. Pasos siento.
A esta parte me retiro
en tanto que pasan, luego
subiré sin que me vean.

Salen Ricardo y Celio

RICARDO.   Con el espanto de Eusebio
aquí se quedó la escala,
y agora por ella vuelvo,
no aclare el día y la vean
a esta pared.

Vuélvense a entrar los dos con la escala

JULIA.   Ya se fueron:
agora podré subir
sin que me sientan. ¿Qué es esto?

¿No es aquesta la pared
de la escala? Pero creo
que hacia estotra parte está.
Ni aquí tampoco está. ¡Cielos!
¿Cómo he de subir sin ella?
Mas ya mi desdicha entiendo;
desta suerte me negáis
la entrada vuestra; pues creo
que, cuando quiera subir
arrepentida no puedo.
Pues si ya me habéis negado
vuestra clemencia, mis hechos
de mujer desesperada
darán asombros al cielo,
darán espantos al mundo,
admiración a los tiempos,
horror al mismo pecado,
y terror al mismo infierno.

JORNADA TERCERA

[*Monte*]

Sale Gil, con muchas cruces, y una muy grande al pecho

GIL.
Por leña a este monte voy,
que Menga me lo ha mandado,
y para ir seguro, he hallado
una brava invención hoy.

De la Cruz dic[en] que es
devoto Eusebio; y así
he salido armado aquí
de la cabeza a los pies.

Dicho y hecho: ¡él es pardiez!
No topo, lleno de miedo,
donde estar seguro puedo;
sin alma quedo. Esta vez

no me ha visto; yo quisiera
esconderme hacia este lado,
mientras pasa; yo he tomado
por guarda una cambronera

para esconderme. ¡No es nada!
Tanta púa es la más chica:
¡pléguete Cristo! más pica,
que perder una trocada,

más que sentir un desprecio
de una dama Fierabrás,

que a todos admite, y más
que tener celos de un necio.

Sale Eusebio

EUSEBIO.   No sé adónde podré ir:
larga vida un triste tiene,
que nunca la muerte viene
a quien le cansa el vivir.
　　Julia, yo me vi en tus brazos
cuando tan dichoso era,
que de tus brazos pudiera
hacer amor nuevos lazos.
　　Sin gozar al fin dejé
la gloria que no tenía ;
mas no fue la causa mía,
causa más secreta fue ;
　　pues teniendo mi albedrío,
superior efecto ha hecho,
que yo respete en tu pecho
la Cruz que tengo en el mío.
　　Y pues con ella los dos,
¡ay Julia!, habemos nacido,
secreto misterio ha sido
que lo entiende sólo Dios.

GIL.   [*Ap.*]
Mucho pica, ya no puedo
más sufrillo.

EUSEBIO.   Entre estos ramos
hay gente. ¿Quién va?

GIL.   [*Ap.*]   Aquí echamos
a perder todo el enredo.

EUSEBIO.   [*Ap.*]
Un hombre a un árbol atado,
y una Cruz al cuello tiene:
cumplir mi voto conviene
en el suelo arrodillado.

GIL.　　　　　¿A quién, Eusebio, enderezas
　　　　　　la oración o de qué tratas?
　　　　　　Si me adoras, ¿qué me atas?
　　　　　　Si me atas, ¿qué me rezas?
EUSEBIO.　　¿Quién es?
GIL.　　　　　　　　　¿A Gil no conoces?
　　　　　　Desde que con el recado,
　　　　　　aquí me dejaste atado,
　　　　　　no han aprovechado voces
　　　　　　　para que alguien (¡qué rigor!)
　　　　　　me llegase a desatar.
EUSEBIO.　　Pues no es aqueste el lugar
　　　　　　donde te dejé.
GIL.　　　　　　　　　　Señor,
　　　　　　es verdad ; mas yo que vi
　　　　　　que nadie llegaba, he andado,
　　　　　　de árbol en árbol atado,
　　　　　　hasta haber llegado aquí.
　　　　　　　Aquesta la causa fue
　　　　　　de suceso tan extraño.

　　　　　　　　　Desátale

EUSEBIO.　　(Éste es simple, y de mi daño
　　　　　　cualquier suceso sabré.)
　　　　　　　Gil, yo te tengo afición
　　　　　　desde que otra vez hablamos,
　　　　　　y así quiero que seamos
　　　　　　amigos.
GIL.　　　　　　　　Tiene razón ;
　　　　　　y quisiera, pues nos vemos
　　　　　　tan amigos, no ir allá,
　　　　　　sino andarme por acá,
　　　　　　pues aquí todos seremos
　　　　　　buñuleros, que diz que es
　　　　　　holgada vida, y no andar
　　　　　　todo el año a trabajar.
EUSEBIO.　　Quédate conmigo, pues.

Salen Ricardo y bandoleros y traen a Julia, vestida
de hombre y cubierto el rostro

RICARDO.   En lo bajo del camino
que esta montaña atraviesa,
ahora hicimos una presa,
que según es, imagino
    que te dé gusto.
EUSEBIO.   Está bien,
luego della trataremos.
Sabe agora que tenemos
un nuevo soldado.
RICARDO.   ¿Quién?
GIL.   Gil: ¿no me ve?
EUSEBIO.   Este villano,
aunque le veis inocente,
conoce notablemente
desta tierra monte y llano,
    y en él será nuestra guía:
fuera desto, al campo irá
del enemigo, y será
en él mi perdida espía.
    Arcabuz le podéis dar
y un vestido.
CELIO.   Ya está aquí.
GIL.   [*Ap.*]
Tengan lástima de mí,
que me quedo a bandolear.
EUSEBIO.   ¿Quién es ese gentilhombre
que el rostro encubre?
RICARDO.   No ha sido
posible que haya querido
decir la patria y el nombre;
    porque al capitán no más
dice que lo ha de decir.

EUSEBIO.   Bien te puedes descubrir,
             pues ya en mi presencia estás.
JULIA.   ¿Sois el capitán?
EUSEBIO.   Sí.
JULIA.   [*Ap.*]   ¡Ay Dios!
EUSEBIO.   Dime quién eres, y a qué
             viniste.
JULIA.   Yo lo diré,
             estando solos los dos.
EUSEBIO.   Retiraos todos un poco.

                    Vanse

EUSEBIO.   Ya estás a solas conmigo;
             sólo árboles y flores
             pueden ser mudos testigos
             de tus voces; quita el velo
             con que cubierto has traído
             el rostro, y dime: ¿quién eres?,
             ¿dónde vas?, ¿qué has pretendido?
             Habla.
JULIA.   Porque de una vez   (*Saca la espada.*)
             sepas a lo que he venido,
             y quién soy, saca la espada:
             pues desta manera digo,
             que soy quien viene a matarte.
EUSEBIO.   Con la defensa resisto
             tu osadía y mi temor;
             porque mayor había sido
             de la acción, que de la voz.
JULIA.   Riñe, cobarde, conmigo,
             y verás que con tu muerte
             vida y confusión te quito.
EUSEBIO.   Yo por defenderme, más
             que por ofenderte, riño,
             que ya tu vida me importa;
             pues si en este desafío
             te mato, no sé por qué;

y si me matas, lo mismo.
Descúbrete, agora, pues,
si te agrada.

JULIA.   Bien has dicho,
porque en venganzas de honor,
si no es que conste el castigo
al que fue ofensor, no queda
satisfecho el ofendido.   (Descúbrese.)
¿Conócesme? ¿Qué te espantas?
¿Qué me miras?

EUSEBIO.   Que rendido
a la verdad y a la duda
en confusos desvaríos,
me espanto de lo que veo,
me asombro de lo que miro.

JULIA.   Ya me has visto.

EUSEBIO.   Sí, y de verte
mi confusión ha crecido
tanto, que si antes de agora
alterados mis sentidos
desearon verte, ya
desengañados, lo mismo
que dieran antes por verte,
dieran por no haberte visto.
¿Tú, Julia, tú en este monte?
¿Tú con profano vestido,
dos veces violento en ti?
¿Cómo sola aquí has venido?
¿Qué es esto?

JULIA.   Desprecios tuyos
son y desengaños míos.
Y porque veas que es flecha
disparada, ardiente tiro,
veloz rayo, una mujer
que corre tras su apetito,
no sólo me han dado gusto
los pecados cometidos

hasta agora, mas también
me le dan, si los repito.
Salí del convento, fui
al monte, y porque me dijo
un pastor, que mal guiada
iba por aquel camino,
neciamente temerosa,
por evitar mi peligro,
le aseguré y le di muerte,
siendo instrumento un cuchillo
que en la pretina traía.
Con éste, que fue ministro
de la muerte, a un caminante
que cortésmente previno
en las ancas de un caballo,
a tanto cansancio alivio,
a la vista de una aldea,
porque entrar en ella quiso,
huyendo al poblado paga
con la muerte el beneficio.
Tres días fueron y noches
los que aquel desierto me hizo
mesa de silvestres plantas,
lechos de peñascos fríos.
Llegué a una pobre cabaña,
a cuyo techo pajizo,
juzgué pabellón dorado
en la paz de mis sentidos.
Liberal huéspeda fue
una serrana conmigo,
compitiendo en los deseos
con el pastor su marido.
A la hambre y al cansancio
dejé en su albergue vendidos
con buena mesa, aunque pobre,
manjar, aunque humilde, limpio.

Pero al despedirme dellos,
habiendo antes prevenido
que al buscarme no pudiesen
decir: «nosotros la vimos»,
al cortés pastor, que al monte
salió a enseñarme el camino,
maté, y entré donde luego
hago en su mujer lo mismo.
Mas considerando entonces
que en este vestido mío
mi pesquisidor llevaba,
mudármele determino.
Al fin, pues, por varios casos,
con las armas y el vestido
de un cazador, cuyo sueño,
no imagen, trasunto vivo
fue de la muerte, llegué
aquí, venciendo peligros,
despreciando inconvenientes,
y atropellando desinios.

EUSEBIO. Con todo asombro te escucho,
con tanto temor te miro,
que eres al oído encanto,
si a la vista basilisco.
Julia, yo no te desprecio;
pero temo los peligros
con que el cielo me amenaza,
y por eso me retiro.
Vuélvete tú a tu convento;
que yo temeroso vivo
de esa Cruz tanto, que huyo
de ti. Mas ¿qué es este ruido?

Salen los bandoleros

RICARDO. Prevén, señor, la defensa;
que apartados del camino,

al monte Curcio y su gente
en busca tuya han salido.
De todas esas aldeas
tanto el número ha crecido,
que han venido contra ti
viejos, mujeres y niños,
diciendo que han de vengar
en tu sangre la de un hijo
muerto a tus manos, y juran
de llevarte por castigo,
o por venganzas de tantos,
preso a Sena, muerto o vivo.

EUSEBIO. Julia, después hablaremos.
Cubre el rostro, y ven conmigo;
que no es bien que en poder quedes
de tu padre, tu enemigo.
—Soldados, éste es el día
de mostrar aliento y brío.
Porque ninguno desmaye,
considere que atrevidos
vienen a darnos la muerte,
o a prendernos, que es lo mismo:
y si no, en pública cárcel,
de desdichas perseguidos,
y sin honra nos veremos:
pues si esto hemos conocido,
¿por la vida y por la honra,
quién temió el mayor peligro?
No piensen que los tememos,
salgamos a recibillos;
que siempre está la fortuna
de parte del atrevido.

RICARDO. No hay que salir; que ya llegan
a nosotros.

EUSEBIO. Prevenios,
y ninguno sea cobarde;
que, vive el cielo, si miro

>   huir alguno o retirarse,
>   que he de ensangrentar los filos
>   de aqueste acero en su pecho,
>   primero que en mi enemigo.

Dentro

CURCIO.   En lo cubierto del monte
             al traidor Eusebio he visto,
             y para inútil defensa
             hace murallas sus riscos.

Dentro

OTRO.   Ya entre las espesas ramas
             desde aquí los descubrimos.
JULIA.   ¡A ellos!
EUSEBIO.   Esperad, villanos;
             que, vive Dios, que teñidos
             con vuestra sangre los campos,
             han de ser ondosos ríos.
RICARDO.   De los cobardes villanos
             es el número excesivo.

Dentro

CURCIO.   ¿Adónde, Eusebio, te escondes?
EUSEBIO.   No escondo, que ya te sigo.

[*Otro lado del monte; una cruz de piedra*]

Ruido dentro, y sale Julia

JULIA.   Del monte que yo he buscado,
             apenas las yerbas piso,
             cuando horribles voces oigo,
             marciales campañas miro.
             De la pólvora los ecos,
             y del acero los filos,

unos ofenden la vista,
y otros turban el oído.
Mas ¿qué es aquello que veo?
Desbaratado y vencido
todo el escuadrón de Eusebio
le deja ya el enemigo.
Quiero volver a juntar
toda la gente que ha habido
de Eusebio, y volver a dalles
favor; que, si los animo,
seré en su defensa asombro
del mundo, seré cuchillo
de la parca, estrago fiero
de sus vidas, vengativo
espanto de los futuros,
y admiración destos siglos.

Vase y sale Gil, de bandolero

GIL.   Por estar seguro, apenas
fui bandolero novicio,
cuando, por ser bandolero,
me veo en tanto peligro.
Cuando yo era labrador,
eran ellos los vencidos;
y hoy, porque soy de la carda,
va sucediendo lo mismo.
Sin ser avariento traigo
la desventura conmigo;
pues tan desgraciado soy,
que mil veces imagino
que, a ser yo judío, fueran
desgraciados los judíos.

Salen Menga y Blas y otros villanos

MENGA.   ¡A ellos, que van huyendo!
BLAS.   No ha de quedar uno vivo
tan solamente.

MENGA.   Hacia aquí
uno de ellos se ha escondido.
BLAS.   Muera este ladrón.
GIL.   Mirad
que soy yo.
MENGA.   Ya nos ha dicho
el traje que es bandolero.
GIL.   El traje les ha mentido,
como muy grande bellaco.
MENGA.   Dale tú.
BLAS.   Pégale, digo.
GIL.   Bien dado estoy y pegado.
Advertid...
MENGA.   No hay que advertirnos.
Bandolero sois.
GIL.   Mirad
que soy Gil, votado a Cristo.
MENGA.   ¿Pues no hablaras antes, Gil?
BLAS.   Pues, Gil, ¿no lo hubieras dicho?
GIL.   ¿Qué más antes, si el *yo soy*
os dije desde un principio?
MENGA.   ¿Qué haces aquí?
GIL.   ¿No lo veis?
Ofendo a Dios en el quinto:
mato solo más, que juntos
un médico y un estío.
MENGA.   ¿Qué traje es éste?
GIL.   Es el diablo.
Maté a uno, y su vestido
me puse.
MENGA.   ¿Pues cómo, di,
no está de sangre teñido,
si le mataste?
GIL.   Eso es fácil;
murió de miedo, ésta ha sido
la causa.

MENGA.   Ven con nosotros,
que victoriosos seguimos
los bandoleros, que agora
cobardes nos han huido.
GIL.   No más vestido, aunque vaya
titiritando de frío.

Vanse y salen Eusebio y Curcio, peleando

CURCIO.   Ya estamos solos los dos,
gracias al cielo que quiso
dar la venganza a mi mano
hoy, sin haber remitido
a las ajenas mi agravio,
ni tu muerte a ajenos filos.
EUSEBIO. No ha sido en esta ocasión
airado el cielo conmigo,
Curcio, en haberte encontrado;
porque si tu pecho vino
ofendido, volverá
castigado, y ofendido.
Aunque no sé qué respeto
has puesto en mí, que he temido
más tu enojo que tu acero:
y aunque pudieran tus bríos
darme temor, sólo temo
cuando aquesas canas miro,
que me hacen cobarde.
CURCIO.   Eusebio,
yo confieso que has podido
templar en mí de la ira,
con que agraviado te miro,
gran parte; pero no quiero
que pienses inadvertido
que te dan temor mis canas,
cuando puede el valor mío.

Vuelve a reñir, que una estrella
o algún favorable signo,
no es bastante a que yo pierda
la venganza que consigo.
Vuelve a reñir.

EUSEBIO.   ¿Yo temor?
Neciamente has presumido
que es temor lo que es respeto:
aunque, si verdad te digo,
la victoria que deseo
es, a tus plantas rendido,
pedirte perdón; y a ellas
pongo la espada que ha sido
temor de tantos.

CURCIO.   Eusebio,
no has de pensar que me animo
a matarte con ventaja.
Ésta es mi espada. (*Ap.* Así quito
la ocasión de darle muerte.)
Ven a los brazos conmigo.

Abrázanse y luchan

EUSEBIO.   No sé qué efecto has hecho
en mí, que el corazón dentro del pecho,
a pesar de venganzas y de enojos,
en lágrimas se asoma por los ojos,
y en confusión tan fuerte,
quisiera, por vengarte, darme muerte.
Véngate en mí; rendida
a tus plantas, señor, está mi vida.

CURCIO.   El acero de un noble, aunque ofendido,
no se mancha en la sangre de un rendido;
que quita grande parte de la gloria
el que con sangre borra la victoria.

VOCES.   (*Dentro.*)
Hacia aquí están.

CURCIO.   Mi gente victoriosa
viene a buscarme, cuando temerosa
la tuya vuelve huyendo.
Darte vida pretendo;
escóndete, que en vano
defenderé el enojo vengativo
de un escuadrón villano;
y, solo tú, imposible es quedar vivo.

EUSEBIO.   Yo, Curcio, nunca huyo
de otro poder, aunque he temido el tuyo.
Que si mi mano aquesta espada cobra,
verás, cuanto valor en ti me falta,
que en tu gente me sobra.

Salen todos

OCTAVIO.   Desde el más hondo valle a la más alta
cumbre de aqueste monte, no ha quedado
alguno vivo; sólo se ha escapado
Eusebio, porque huyendo aquesta tarde...

EUSEBIO.   Mientes, que Eusebio nunca fue cobarde.

TODOS.   ¿Aquí está Eusebio? ¡Muera!

EUSEBIO.   ¡Llegad, villanos!

CURCIO.   ¡Tente, Octavio, espera!

OCTAVIO.   ¿Pues tú, señor, que habías
de animarnos, agora desconfías?

BLAS.   ¿Un hombre amparas que en tu sangre y honra
introdujo el acero y la deshonra?

GIL.   ¿A un hombre, que atrevido
toda aquesta montaña ha destruido?
A quien en el aldea no ha dejado
melón doncella que él no haya catado,
y a quien tantos ha muerto,
¿cómo así le defiendes?

OCTAVIO.   ¿Qué es, señor, lo que dices? ¿Qué pretendes?

CURCIO.   Esperad, escuchad (¡triste suceso!):
¿cuánto es mejor que a Sena vaya preso?

Date a prisión, Eusebio; que prometo,
y como noble juro, de ampararte,
siendo abogado tuyo, aunque soy parte.

EUSEBIO.   Como a Curcio no más, yo me rindiera;
mas como a juez, no puedo;
porque aquél es respeto, y esto es miedo.

OCTAVIO.   ¡Muera Eusebio!

CURCIO.   Advertid...

OCTAVIO.   Pues qué, ¿tú quieres
defenderle? ¿A la patria traidor eres?

CURCIO.   ¿Yo traidor? Pues me agravian desta suerte,
perdona, Eusebio, porque yo el primero
tengo de ser en darte triste muerte.

EUSEBIO.   Quítate de delante,
señor, porque tu vista no me espante;
que viéndote, no dudo
que te tenga tu gente por escudo.

Vanse peleando adentro

CURCIO.   Apretándole van. ¡Oh quién pudiera
darte agora la vida,
Eusebio, aunque la suya misma diera!
En el monte se ha entrado,
por mil partes herido:
retirándose baja despeñado
al valle. Voy volando,
que aquella sangre fría,
que con tímida voz me está llamando,
algo tiene de mía;
que sangre que no fuera
propia, ni me llamara, ni la oyera.

Vase Curcio; y baja despeñado Eusebio

EUSEBIO.   Cuando, de la vida incierto,
me despeña la más alta
cumbre, veo que me falta
tierra donde caiga muerto:

pero si mi culpa advierto,
al alma reconocida,
no el ver la vida perdida
la atormenta, sino el ver
cómo ha de satisfacer
tantas culpas una vida.
    Ya me vuelve a perseguir
este escuadrón vengativo;
pues no puedo quedar vivo,
he de matar o morir:
aunque mejor será ir
donde al cielo perdón pida;
pero mis pasos impida
la Cruz, porque desta suerte
ellos me den breve muerte,
y ella me dé eterna vida.
    Árbol, donde el cielo quiso
dar el fruto verdadero
contra el bocado primero,
flor del nuevo paraíso,
arco de luz, cuyo aviso
en piélago más profundo
la paz publicó del mundo,
planta hermosa, fértil vid,
arpa del nuevo David,
tabla del Moisés segundo:
    pecador soy, tus favores
pido por justicia yo;
pues Dios en ti padeció
sólo por los pecadores.
A mí me debes tus lores;
que por mí sólo muriera
Dios, si más mundo no hubiera:
luego eres tú Cruz por mí,
que Dios no muriera en ti
si yo pecador no fuera.

Mi natural devoción
siempre os pidió con fe tanta,
no permitieseis, Cruz santa,
muriese sin confesión.
No seré el primer ladrón
que en vos se confiese a Dios.
Y pues que ya somos dos,
y yo no lo he de negar,
tampoco me ha de faltar
redención que se obró en vos.
   Lisardo, cuando en mis brazos
pude ofendido matarte,
lugar di de confesarte,
antes que en tan breves plazos
se desatasen los lazos
mortales. Y agora advierto
en aquel viejo, aunque muerto:
piedad de los dos aguardo.
¡Mira que muero, Lisardo;
mira que te llamo, Alberto!

la muerte de Eusebio

                    Sale Curcio

CURCIO.   Hacia aquesta parte está.
EUSEBIO.   Si es que venís a matarme,
                muy poco haréis en quitarme
                vida que no tengo ya.
CURCIO.   ¿Qué bronce no ablandará
                tanta sangre derramada?
                Eusebio, rinde la espada.
EUSEBIO.   ¿A quién?
CURCIO.   A Curcio.
EUSEBIO.   Ésta es.   [*Dásela.*]
                Y yo también a tus pies,
                de aquella ofensa pasada
                te pido perdón. No puedo
                hablar más, porque una herida
                quita el aliento a la vida.

cubriendo de horror y miedo
al alma.

CURCIO.   Confuso quedo.
¿Será en ella de provecho
remedio humano?

EUSEBIO.   Sospecho
que la mejor medicina
para el alma es la divina.

CURCIO. ¿Dónde es la herida?

EUSEBIO.   En el pecho.

CURCIO. Déjame poner en ella
la mano, a ver si resiste
el aliento. ¡Ay de mí triste!

Registra la herida, y ve la Cruz

¿Qué señal divina y bella
es ésta, que al conocella
toda el alma se turbó?

EUSEBIO. Son las armas que me dio
esta Cruz, a cuyo pie
nací; porque más no sé
de mi nacimiento yo.
    Mi padre, a quien no señalo,
aun la cuna me negó;
que sin duda imaginó
que había de ser tan malo.
Aquí nací.

CURCIO.   Y aquí igualo
el dolor con el contento,
con el gusto el sentimiento,
efetos de un hado impío
y agradable. ¡Ay, hijo mío!,
pena y gloria en verte siento.
    Tú eres Eusebio, mi hijo,
si tantas señas advierto,
que, para llorarte muerto,
ya justamente me aflijo.

De tus razones colijo
lo que el alma adivinó.
Tu madre aquí te dejó
en el lugar que te he hallado;
donde cometí el pecado,
el cielo me castigó.
  Ya aqueste lugar previene
información de mi error;
¿pero cuál seña mayor
que aquesta Cruz, que conviene
con otra que Julia tiene?
Que no sin misterio el cielo
os señaló, porque al suelo
fuerais prodigio los dos.

EUSEBIO. No puedo hablar, padre, ¡adiós!,
porque ya de un mortal velo
  se cubre el cuerpo, y la muerte
niega, pasando veloz,
para responderte voz,
vida para conocerte,
y alma para obedecerte.
Ya llega el golpe más fuerte,
ya llega el trance más cierto.
¡Alberto!

CURCIO.   ¡Que llore muerto
a quien aborrecí vivo!

EUSEBIO. ¡Ven, Alberto!

CURCIO.   ¡Oh trance esquivo!
¡Guerra injusta!

EUSEBIO.   ¡Alberto! ¡Alberto!   (Muere.)

CURCIO.   Ya al golpe más violento
rindió el último aliento:
paguen mis blancas canas
tanto dolor.

Tírase de las barbas, y sale Blas

BLAS.   Ya son tus quejas vanas.
¿Cuándo puso inconstante la fortuna
en tu valor extremos?
CURCIO.   En ninguna
llegó el rigor a tanto.
Abrasen mis enojos
este monte con llanto,
puesto que es fuego el llanto de mis ojos,
¡oh triste estrella!, ¡oh rigurosa suerte!,
¡oh atrevido dolor!

Sale Octavio

OCTAVIO.   Hoy, Curcio, advierte
la fortuna en los males de tu estado,
cuántos puede sufrir un desdichado.
El cielo sabe cuánto hablarte siento.
CURCIO.   ¿Qué ha sido?
OCTAVIO.   Julia falta del convento.
CURCIO.   El mismo pensamiento, di, ¿pudiera
con el discurso hallar pena tan fiera,
que es mi desdicha airada,
sucedida, mayor que imaginada?
Este cadáver frío,
éste que ves, Octavio, es hijo mío.
Mira si basta en confusión tan fuerte
cualquiera pena destas a una muerte.
Dadme paciencia, cielos,
o quitadme la vida,
agora perseguida
de tormentos tan fieros.

Salen Gil y villanos

GIL.   ¡Señor!
CURCIO.   ¿Hay más dolor?
GIL.   Los bandoleros,
que huyeron castigados,

en busca tuya vuelven animados
de un demonio de hombre,
que encubre dellos mismos rostro y nombre.

CURCIO.   Agora que mis penas fueron tales,
que son lisonjas los mayores males.
El cuerpo se retire lastimoso
de Eusebio, en tanto que un sepulcro honroso,
vuelto en cenizas, ve mi desventura.

TIRSO.   ¿Pues cómo piensas darle sepultura
tú en lugar sagrado
a un hombre que murió descomulgado?

BLAS.   Quien desta suerte ha muerto,
digno sepulcro sea este desierto.

CURCIO.   ¡Oh villana venganza!
¿Tanto poder en ti la ofensa alcanza,
que pasas desta suerte,
los últimos umbrales de la muerte?

Vase Curcio, llorando

BLAS.   Sea en penas tan graves,
su sepulcro las fieras y las aves.

OTRO.   Del monte despeñado
caiga, por más rigor, despedazado.

TIRSO.   Mejor será que hagamos
rústica sepultura entre estos ramos.

Colocan entre las ramas el cuerpo de Eusebio

Pues ya la noche baja,
envuelta en esa lóbrega mortaja,
aquí en el monte, Gil, con él te queda,
porque sola tu voz avisar pueda,
si algunas gentes vienen
de las que huyeron.   *(Vanse.)*

GIL.   ¡Linda flema tienen!
A Eusebio han enterrado
allí, y a mí aquí solo me han dejado.

Señor Eusebio, acuérdese, le digo,
que un tiempo fui su amigo.
¿Mas qué es esto?, o me engaña mi deseo,
o mil personas a esta parte veo.

Sale Alberto

ALBERTO. Viniendo agora de Roma,
con la muda suspensión
de la noche, en este monte
perdido otra vez estoy.
Aquesta es la parte adonde
la vida Eusebio me dio,
y de sus soldados temo
que en grande peligro estoy.

EUSEBIO. ¡Alberto!

ALBERTO. ¿Qué aliento es este
de una temerosa voz,
que repitiendo mi nombre
en mis oídos sonó?

EUSEBIO. ¡Alberto!

ALBERTO. Otra vez pronuncia
mi nombre, y me pareció
que es a esta parte ; yo quiero
ir llegando.

GIL. ¡Santo Dios!
Eusebio es, y ya es mi miedo
de los miedos el mayor.

EUSEBIO. ¡Alberto!

ALBERTO. Más cerca suena.
Voz, que discurres veloz
el viento y mi nombre dices,
¿quién eres?

EUSEBIO. Eusebio soy ;
llega Alberto, hacia esta parte,
adonde enterrado estoy ;

llega y levanta estos ramos.
No temas.

ALBERTO.   No temo yo.

Descúbrele

GIL.   Yo sí.
ALBERTO.   Ya estás descubierto.
Dime de parte de Dios,
¿qué me quieres?

EUSEBIO.   De su parte
mi fe, Alberto, te llamó,
para que antes de morir,
me oyeses de confesión.
Rato ha que hubiera muerto ;
pero libre se quedó
del espíritu el cadáver ;
que de la muerte el feroz
golpe le privó del uso,
pero no le dividió.   [*Levántase.*]
Ven adonde mis pecados
confiese, Alberto, que son
más que del mar las arenas
y los átomos del sol.
¡Tanto con el cielo puede
de la Cruz la devoción!

ALBERTO.   Pues yo cuantas penitencias
hice hasta agora, te doy,
para que en tu culpa sirvan
de alguna satisfacción.

Vanse, y salen por otra parte Julia y bandoleros

GIL.   ¡Por Dios, que va por su pie!
y para verlo mejor,
el sol descubre sus rayos.
A decirlo a todos voy.

JULIA.
Agora, que descuidados
la victoria los dejó
entre los brazos del sueño,
nos dan bastante ocasión.

OCTAVIO.
Si has de salirles al paso,
por esta parte es mejor;
que ellos vienen por aquí.

Salen todos y Curcio

CURCIO.
Sin duda que inmortal soy
en los males que me matan,
pues no me ha muerto el dolor.

GIL.
A todas partes hay gente;
sepan todos de mi voz
el más admirable caso
que jamás el mundo vio.
De donde enterrado estaba
Eusebio, se levantó,
llamando a un clérigo a voces.
Mas ¿para qué os cuento yo
lo que todos podéis ver?
Mirad con la devoción
que está puesto de rodillas.

Descúbrese, de rodillas y Alberto confesándole

CURCIO.
¡Mi hijo es! ¡Divino Dios!,
¿qué maravillas son éstas?

JULIA.
¿Quién vio prodigio mayor?

CURCIO.
Así como el santo anciano
hizo de la absolución
la forma, segunda vez
muerto a sus plantas cayó.

Acércase Alberto

ALBERTO.
Entre sus grandezas tantas,
sepa el mundo la mayor

maravilla de las suyas,
porque la ensalce mi voz.
Eusebio, después de muerto,
el cielo depositó
su espíritu en su cadáver,
hasta que se confesó;
que tanto con Dios alcanza
de la Cruz la devoción.

CURCIO.   ¡Ay, hijo del alma mía!,
no fue desdichado, no,
quien en su trágica muerte
tantas glorias mereció.
Así Julia conociera
sus culpas.

JULIA.   ¡Válgame Dios!,
¿qué es lo que estoy escuchando?,
¿qué prodigio es éste? ¿Yo
soy la que a Eusebio pretende,
y hermana de Eusebio soy?
Pues sepan Curcio y el mundo
y sepan ya todos hoy
mis graves culpas: yo misma,
asombrada de mi error
daré voces: sepan todos
cuantos hoy viven, que yo
soy Julia, en número infame
de las malas la peor.
Mas ya que ha sido común
mi pecado, desde hoy
lo será mi penitencia;
y pidiéndole perdón
al mundo del mal ejemplo,
de la mala vida a Dios.

CURCIO.   ¡Oh asombro de las maldades!,
con mis propias manos hoy
te mataré, porque sean
tu vida y tu muerte atroz.

JULIA.   Valedme vos, Cruz divina;
que yo mi palabra doy,
de volverme a mi convento
y hacer nueva vida. ¡Adiós!

ALBERTO.   ¡Gran milagro!

CURCIO.   Y con el fin
de tan grande admiración,
LA DEVOCIÓN DE LA CRUZ
da felice fin su autor.

Vase Julia a lo alto, asida de la Cruz que está
en el sepulcro de Eusebio

EL GRAN TEATRO DEL MUNDO
AUTO SACRAMENTAL ALEGÓRICO

PERSONAS

EL AUTOR.
EL MUNDO.
EL REY.
LA DISCRECIÓN.
LA LEY DE GRACIA.
LA HERMOSURA.

EL RICO.
EL LABRADOR.
EL POBRE.
UN NIÑO.
UNA VOZ.
ACOMPAÑAMIENTO.

Sale el Autor, con manto de estrellas y potencias
en el sombrero

AUTOR.

Hermosa compostura
de esa varia inferior arquitectura,
que entre sombras y lejos
a esta celeste usurpas los reflejos,
cuando con flores bellas
el número compite a sus estrellas,
siendo con resplandores
humano cielo de caducas flores.
Campaña de elementos,
con montes, rayos, piélagos y vientos:
con vientos, donde graves
te surcan las bajeles de las aves;
con piélagos y mares donde a veces
te vuelan las escuadras de los peces;
con rayos donde ciego
te ilumina la cólera del fuego;
con montes donde dueños absolutos
te pasean los hombres y los brutos:
siendo, en continua guerra,
monstruo de fuego y aire, de agua y tierra.
Tú, que siempre diverso,
la fábrica feliz del Universo
eres. primer prodigio sin segundo,

y por llamarte de una vez, tú, el Mundo,
que naces como el Fénix y en su fama
de tus mismas cenizas.

Sale el Mundo por diversa puerta

MUNDO.   ¿Quién me llama,
que desde el duro centro
de aqueste globo que me esconde dentro
alas viste veloces?
¿Quién me saca de mí, quién me da voces?

AUTOR.   Es tu Autor Soberano.
De mi voz un suspiro, de mi mano
un rasgo es quien te informa
y a su oscura materia le da forma.

MUNDO.   Pues ¿qué es lo que me mandas? ¿Qué me
[quieres?

AUTOR.   Pues soy tu Autor, y tú mi hechura eres,
hoy de un concepto mío
la ejecución a tus aplausos fío.
   Una fiesta hacer quiero
a mismo poder, si considero
que sólo a ostentación de mi grandeza
fiestas hará la gran Naturaleza ;
y como siempre ha sido
lo que más ha alegrado y divertido
la representación bién aplaudida,
y es representación la humana vida,
una comedia sea
la que hoy el cielo en tu teatro vea.
Si soy Autor y si la fiesta es mía
por fuerza la ha de hacer mi compañía.
Y pues que yo escogí de los primeros
los hombres y ellos son mis compañeros,
ellos, en el *teatro*
del mundo, que contiene partes cuatro
con estilo oportuno

han de representar. Yo a cada uno
el papel le daré que le convenga,
y porque en fiesta igual su parte tenga
el hermoso aparato
de apariencias, de trajes el ornato,
hoy prevenido quiero
que, alegre, liberal y lisonjero,
fabriques apariencias
que de dudas se pasen a evidencias.
Seremos, yo el Autor, en un instante;
tú el teatro, y el hombre el recitante.

MUNDO.   Autor generoso mío,
a cuyo poder, a cuyo
acento obedece todo,
yo *el gran teatro del mundo*,
para que en mí representen
los hombres, y cada uno
halle en mí la prevención
que le impone el papel suyo,
como parte obedencial,
que solamente ejecuto
lo que ordenas, que aunque es mía
la obra el milagro es tuyo,
primeramente porque es
de más contento y más gusto
no ver el tablado antes
que esté el personaje a punto,
lo tendré de un negro velo
todo cubierto y oculto
que sea un caos donde estén
los materiales confusos.
Correráse aquella niebla
y, huyendo el vapor oscuro,
para alumbrar el teatro
(porque adonde luz no hubo
no hubo fiesta), alumbrarán
dos luminares, el uno

divino farol del día,
y de la noche nocturno
farol el otro, a quien ardan
mil luminosos carbunclos
que en la frente de la noche
den vividores influjos.
En la primera jornada,
sencillo y cándido nudo
de la gran ley natural,
allá en los primeros lustros
aparecerá un jardín
con bellísimos dibujos,
ingeniosas perspectivas,
que se dude cómo supo
la Naturaleza hacer
tan gran lienzo sin estudio.
Las flores mal despuntadas
de sus rosados capullos
saldrán la primera vez
a ver el Alba en confuso.
Los árboles estarán
llenos de sabrosos frutos,
si ya el áspid de la envidia
no da veneno en alguno.
Quebraránse mil cristales
en guijas, dando su curso
para que el Alba los llore
mil aljófares menudos.
Y para que más campee
este humano cielo, juzgo
que estará bien engastado
de varios campos incultos.
Donde fueron menester
montes y valles profundos,
habrá valles, habrá montes;
y ríos, sagaz y astuto,
haciendo zanjas la tierra

[Anotaciones manuscritas:]
Da dos luces
el sol y el
farol. El Sol
es divino, el far
del hombre

da flores

El paraiso

árboles

montañas
Valles
ríos

llevaré por sus conductos,
brazos de mar desatados
que corran por varios rumbos.
Vista la primera escena
sin edificio ninguno,
en un instante verás
cómo repúblicas fundo,
cómo ciudades fabrico,
cómo alcázares descubro.
Y cuando solicitados
montes fatiguen algunos
a la tierra con el peso
y a los aires con el bulto,
mudaré todo el teatro
porque todo, mal seguro,
se verá cubierto de agua
a la saña de un diluvio.
En medio de tanto golfo,
a los flujos y reflujos
de ondas y nubes, vendrá
haciendo ignorados surcos
por las aguas un bajel
que fluctuando seguro
traerá su vientre preñado
de hombres, de aves y de brutos.
A la seña que, en el cielo,
de paz hará un arco rubio
de tres colores, pajizo,
tornasolado y purpúreo,
todo el gremio de las ondas
obediente a su estatuto
hará lugar, observando
leyes que primero tuvo,
a la cerviz de la tierra
que, sacudiéndose el yugo,
descollará su semblante
bien que macilento y mustio.

[Marginalia manuscrita:] al principio sin edificios / luego repúblicas cuidades alcazares / La Inundación (Noe) / El arco de Noe / hay que observar las leyes y el orden de la naturaleza

Acabado el primer acto
luego empezará el segundo,
ley escrita, en que poner
más apariencias procuro,
pues para pasar a ella
pasarán con pies enjutos
los hebreos desde Egipto
los cristales del mar rubio;
amontonadas las aguas
verá el Sol que le descubro
los más ignorados senos
que ha mirado en tantos lustros.
Con dos columnas de fuego
ya me parece que alumbro
el desierto antes de entrar
en el prometido fruto.
Para salir con la ley
Moisés a un monte robusto
le arrebatará una nube
en el rapto vuelo suyo.
Y esta segunda jornada
fin tendrá en un furibundo
eclipse en que todo el Sol
se ha de ver casi difunto.
Al último parasismo
se verá el orbe cerúleo
titubear, borrando tantos
paralelos y coluros.
Sacudiránse los montes,
y delirarán los muros,
dejando en pálidas ruinas
tanto escándalo caduco.
Y empezará la tercera
jornada, donde hay anuncios
que habrá mayores portentos
por ser los milagros muchos

de la *ley de gracia,* en que
ociosamente discurro.
Con lo cual en tres jornadas
tres leyes y un estatuto
los hombres dividirán
las tres edades del mundo;
hasta que al último paso
todo el tablado, que tuvo
tan grande aparato en sí,
una llama, un rayo puro
cubrirá porque no falte
fuego en la fiesta... ¿Qué mucho
que aquí, balbuciente el labio,
quede absorto, quede mudo?
De pensarlo, me estremezco;
de imaginarlo, me turbo;
de repetirlo, me asombro;
de acordarlo, me consumo.
Más, ¡dilátese esta escena,
este paso horrible y duro,
tanto, que nunca le vean
todos los siglos futuros!
Prodigios verán los hombres
en tres actos y ninguno
a su representación
faltará por mí en el uso.
Y pues que ya he prevenido
cuanto al teatro, presumo
que está todo ahora; cuanto
al vestuario, no dudo
que allá en tu mente le tienes,
pues allá en tu mente juntos,
antes de nacer, los hombres
tienen los aplausos suyos.
Y para que desde ti
a representar al mundo
salgan y vuelvan a entrarse,

ya previno mi discurso
dos puertas la una es la cuna
y la otra es el sepulcro.
    Y para que no les falten
las galas y adornos juntos,
tendré prevenido a punto
al que hubiere de hacer rey,
púrpura y laurel augusto;
al valiente capitán,
armas, valores y triunfos;
al que ha de hacer el ministro,
libros, escuelas y estudios.
Al religioso, obediencias;
al facineroso, insultos;
al noble le daré honras,
y libertades al vulgo.
Al labrador, que a la tierra
ha de hacer fértil a puro
afán, por culpa de un necio,
le daré instrumentos rudos.
A la que hubiere de hacer
la dama, le daré sumo
adorno en las perfecciones,
dulce veneno de muchos.
Sólo no vestiré al pobre
porque es papel de desnudo,
porque ninguno después
se queje de que no tuvo
para hacer bien su papel
todo el adorno que pudo,
pues el que bien no lo hiciere
será por defecto suyo,
no mío. Y pues que ya tengo
todo el aparato junto,
¡venid, mortales, venid
a adornaros cada uno

para que representéis
en el *teatro del mundo!*

Vase

AUTOR. Mortales que aún no vivís
y ya os llamo yo mortales,
pues en mi presencia iguales
antes de ser asistís;
aunque mis voces no oís,
venid a aquestos vergeles,
que ceñido de laureles,
cedros y palma os espero,
porque aquí entre todos quiero
repartir estos papeles.

*Salen el Rico, el Rey, el Labrador, el Pobre y la Hermosura,
la Discreción y un Niño*

REY.   Ya estamos a tu obediencia,
Autor nuestro, que no ha sido
necesario haber nacido
para estar en tu presencia.
Alma, sentido, potencia,
vida, ni razón tenemos;
todos informes nos vemos;
polvo somos de tus pies.
Sopla aqueste polvo, pues,
para que representemos.

HERMOS. Sólo en tu concepto estamos,
ni animamos ni vivimos,
ni tocamos ni sentimos,
ni del bien ni el mal gozamos;
pero si hacia el mundo vamos
todos a representar,
los papeles puedes dar,
pues en aquesta ocasión

no tenemos elección
para haberlos de tomar.

LABRADOR.   Autor mío soberano
a quien conozco desde hoy,
a tu mandamiento estoy
como hechura de tu mano,
y pues tú sabes, y es llano
porque en Dios no hay ignorar,
qué papel me puedes dar,
si yo errare este papel,
no me podré quejar de él,
de mí me podré quejar.

AUTOR.   Ya sé que si para ser
el hombre elección tuviera,
ninguno el papel quisiera
del sentir y padecer;
todos quisieran hacer
el de mandar y regir,
sin mirar, sin advertir
que en acto tan singular
aquello es representar
aunque piensen que es vivir.
    Pero yo, Autor soberano,
sé bien qué papel hará
mejor cada uno; así va
repartiéndolos mi mano.
Haz tú el Rey.

Da su papel a cada uno

REY.   Honores gano.
AUTOR.   La dama, que es la hermosura
humana, tú.
HERMOS.   ¡Qué ventura!
AUTOR.   Haz, tú, al rico, al poderoso.
RICO.   En fin, nazco venturoso
a ver del sol la luz pura.
AUTOR.   Tú has de hacer el labrador.

LABRADOR. ¿Es oficio o beneficio?

AUTOR. Es un trabajoso oficio.

LABRADOR. Seré mal trabajador.
Por vuestra vida... Señor,
que aunque soy hijo de Adán,
que no me deis este afán,
aunque me deis posesiones,
porque tengo presunciones
que he de ser grande holgazán.

De mi natural infiero,
con ser tan nuevo, Señor,
que seré mal cavador
y seré peor quintero;
si aquí valiera un «no quiero»,
dejérale, mas delante
de un autor tan elegante,
nada un «no quiero» remedia,
y así seré en la comedia
el peor representante.

Como sois cuerdo, me dais
como el talento el oficio,
y así mi poco juïcio
sufrís y disimuláis;
nieve como lana dais:
justo sois, no hay que quejarme;
y pues que ya perdonarme
vuestro amor me muestra en él,
yo haré, señor, mi papel
despacio por no cansarme.

AUTOR. Tú, la discreción harás.

DISCREC. Venturoso estado sigo.

AUTOR. Haz tú al mísero, al mendigo.

POBRE. ¿Aqueste papel me das?

AUTOR. Tú, sin nacer morirás.

NIÑO. Poco estudio el papel tiene.

AUTOR. Así mi ciencia previene
que represente el que viva.

Justicia distributiva
soy, y sé lo que os conviene.

POBRE.

Si yo pudiera excusarme
deste papel, me excusara,
cuando mi vida repara
en el que has querido darme;
y ya que no declararme
puedo, aunque atrevido quiera,
le tomo, mas considera,
ya que he de hacer el mendigo,
no, señor, lo que te digo,
lo que decirte quisiera.

¿Por qué tengo de hacer yo
el pobre en esta comedia?
¿Para mí ha de ser tragedia,
y para los otros no?
¿Cuando este papel me dio
tu mano, no me dio en él
igual alma a la de aquel
que hace al rey? ¿Igual sentido?
¿Igual ser? Pues ¿por qué ha sido
tan desigual mi papel?

Si de otro barro me hicieras,
si de otra alma me adornaras,
menos vida me fiaras,
menos sentidos me dieras;
ya parece que tuvieras
otro motivo, Señor;
pero parece rigor,
perdona decir cruel,
el ser mejor su papel
no siendo su ser mejor.

AUTOR.

En la representación
igualmente satisface
el que bien al pobre hace
con afecto, alma y acción,
como el que hace al rey, y son

iguales éste y aquél
en acabando el papel.
Haz tú bien el tuyo, y piensa
que para la recompensa
yo te igualaré con él.

No porque pena te sobre,
siendo pobre, es en mi ley
mejor papel el del rey
si hace bien el suyo el pobre;
uno y otro de mí cobre
todo el salario después
que haya merecido, pues
en cualquier papel se gana,
que toda la vida humana
representaciones es.

Y la comedia acabada,
ha de cenar a mi lado
el que haya representado
sin haber errado en nada
su parte más acertada;
allí, igualaré a los dos.

Alegoría–Al terminar
la comedia (la muerte)
Un juicio final
para ver cómo han
hecho los papeles
todos. Todos estarán
iguales—él que mejor
ha hecho, más
ganará

HERMOS.   Pues, decidnos, Señor, Vos,
¿cómo en lengua de la fama
esta comedia se llama?

AUTOR.   *Obrar bien, que Dios es Dios.*

REY.   Mucho importa que no erremos
comedia tan misteriosa.

RICO.   Para eso es acción forzosa
que primero la ensayemos.

DISCREC.   ¿Cómo ensayarla podremos
si nos llegamos a ver
sin luz, sin alma y sin ser
antes de representar?

POBRE.   Pues ¿cómo sin ensayar
la comedia se ha de hacer?

LABRADOR.   Del pobre apruebo la queja,
que lo asiento así, Señor,

(que son, pobre y labrador
para par a la pareja).
Aun una comedia vieja
harta de representar
si no se vuelve a ensayar
se yerra cuando se prueba,
¿si no se ensaya esta nueva
cómo se podrá acertar?

AUTOR.   Llegando ahora a advertir
que siendo el cielo jüez
se ha de acertar de una vez
cuando es nacer y morir.

HERMOS.   Pues ¿el entrar y salir
cómo lo hemos de saber
ni a qué tiempo haya de ser?

AUTOR.   Aun eso se ha de ignorar,
y de una vez acertar
cuanto es morir y nacer.
    Estad siempre prevenidos
para acabar el papel ;
que yo os llamaré al fin dél.

POBRE.   ¿Y si acaso los sentidos
tal vez se miran perdidos?

AUTOR.   Para eso, común grey,
tendré desde el pobre al rey,
para enmendar al que errare
y enseñar al que ignorare.
Con él apunto a mi ley ;
    ella a todos os dirá
lo que habéis de hacer, y así
nunca os quejaréis de mí.
Albedrío tenéis ya,
y pues prevenido está
el teatro, vos y vos
medid las distancias dos
de la vida.

[handwritten margin note:] La obra imita la vida – no hay ensayo. No se sabe cuando se va a nacer ni morir

DISCREC.   ¿Qué esperamos?
          ¡Vamos al teatro!
TODOS.   ¡Vamos
          a obrar bien, que Dios es Dios!

Al irse a entrar, sale el Mundo y detiénelos

MUNDO.   Ya está todo prevenido
          para que se represente
          esta comedia aparente
          que hace el humano sentido.
REY.   Púrpura y laurel te pido.
MUNDO.   ¿Por qué, púrpura y laurel?
REY.   Porque hago este papel.

Enséñale el papel, y toma la púrpura y corona, y vase

MUNDO.   Ya aquí prevenido está.
HERMOS.   A mí, matices me da
          de jazmín, rosa y clavel.
            Hoja a hoja y rayo a rayo
          se desaten a porfía
          todas las luces del día,
          todas las flores del mayo ;
          padezca mortal desmayo
          de envidia al mirarme el Sol,
          y como a tanto arrebol
          el girasol ver desea,
          la flor de mis luces sea
          siendo el Sol mi girasol.
MUNDO.   Pues ¿cómo vienes tan vana
          a representar al mundo?
HERMOS.   En este papel me fundo.
MUNDO.   ¿Quién es?
HERMOS.   La hermosura humana.
MUNDO.   Cristal, carmín, nieve y grana
          pulan sombras y bosquejos
          que te afeiten de reflejos.

Dale un ramillete

HERMOS.   Pródiga estoy de colores.
           Servidme de alfombra, flores ;
           sed, cristales, mis espejos.

Vase

RICO.   Dadme riquezas a mí,
           dichas y felicidades,
           pues para prosperidades
           hoy vengo a vivir aquí.
MUNDO.   Mis entrañas para ti
           a pedazos romperé ;
           de mis senos sacaré
           toda la plata y el oro,
           que en avariento tesoro
           tanto encerrado oculté.

Dale joyas

RICO.   Soberbio y desvanecido
           con tantas riquezas voy.
DISCREC.   Yo, para mi papel, hoy,
           tierra en que vivir te pido.
MUNDO.   ¿Qué papel el tuyo ha sido?
DISCREC.   La discreción estudiosa.
MUNDO.   Discreción tan religiosa
           tome ayuno y oración.

Dale cilicio y disciplina

DISCREC.   No fuera yo discreción
           tomando de ti otra cosa.

Vase

MUNDO.   ¿Cómo tú entras sin pedir
          para el papel que has de hacer?
NIÑO.   Como no te he menester
          para lo que he de vivir.
          Sin nacer he de morir,
          en ti no tengo de estar
          más tiempo que el de pasar
          de una cárcel a otra oscura,
          y para una sepultura
          por fuerza me la has de dar.
MUNDO.   ¿Qué pides tú, di, grosero?
LABRADOR. Lo que le diera yo a él.
MUNDO.   Ea, muestra tu papel.
LABRADOR. Ea, digo que no quiero.
MUNDO.   De tu proceder infiero
          que como bruto gañán
          habrás de ganar tu pan.
LABRADOR. Esas mis desdichas son.
MUNDO.   Pues toma aqueste azadón.

*el labrador no
quiere trabajar.
Quiere lo que
tiene el rico
Pero hay que haber
pobres*

          Dale un azadón

LABRADOR. Ésta es la herencia de Adán.
              Señor Adán, bien pudiera,
          pues tanto llegó a saber,
          conocer que su mujer
          pecaba de bachillera;
          dejárala que comiera
          y no la ayudara él;
          mas como amante cruel
          dirá que se lo rogó,
          y así tan mal como yo
          representó su papel.

                  Vase

POBRE.   Ya que a todos darles dichas,
          gustos y contentos vi,

dame pesares a mí,
dame penas y desdichas;
no de las venturas dichas
quiero púrpura y laurel;
deste colores, de aquél
plata ni oro no he querido.
Sólo remiendos te pido.

MUNDO. ¿Qué papel es tu papel?

POBRE.   Es mi papel la aflicción
es la angustia, es la miseria,
. . . . (1)
la desdicha, la pasión,
el dolor, la compasión,
el suspirar, el gemir,
el padecer, el sentir,
importunar y rogar,
el nunca tener que dar,
el siempre haber de pedir.
    El desprecio, la esquivez,
el baldón, el sentimiento,
la vergüenza, el sufrimiento,
la hambre, la desnudez,
el llanto, la mendiguez,
la inmundicia, la bajeza,
el desconsuelo y pobreza,
la sed, la penalidad,
y es la vil necesidad,
que todo esto es la pobreza.

MUNDO.   A ti nada te he de dar,
que el que haciendo al pobre vive
nada del mundo recibe,
antes te pienso quitar
estas ropas, que has de andar
desnudo, para que acuda   (Desnúdale.)
yo a mi cargo, no se duda.

_____

(1) Falta un verso en el original.

POBRE.

En fin, este mundo triste
al que está vestido viste
y al desnudo le desnuda.

resignación

MUNDO.

Ya que de varios estados
está el teatro cubierto,
pues un rey en él advierto,
con imperios dilatados;
beldad a cuyos cuidados
se adormecen los sentidos,
poderosos aplaudidos,
mendigos menesterosos,
labradores, religiosos,
que son los introducidos
para hacer los personajes
de la comedia de hoy
a quien yo el teatro doy,
las vestiduras y trajes
de limosnas y de ultrajes,
¡sal, divino Autor, a ver
las fiestas que te han de hacer
los hombres! ¡Ábrase el centro
de la Tierra, pues que dentro
della la escena ha de ser!

*mira el
ritmo*

acotaciones

*Con música se abren a un tiempo dos globos: en el uno,
estará un trono de gloria, y en él el Autor sentado; en el
otro ha de haber representación con dos puertas: en la una
pintada una cuna y en la otra un ataúd*

AUTOR.

Pues para grandeza mía
aquesta fiesta he trazado,
en este trono sentado,
donde es eterno mi día,
he de ver mi compañía.
Hombres que salís al suelo
por una cuna de hielo
y por un sepulcro entráis,

ved cómo representáis,
que os ve el Autor desde el cielo.

Sale la Discreción con un instrumento, y canta

DISCREC.   Alaben al Señor de Tierra y Cielo,
el Sol, Luna y estrellas;
alábenle las bellas
flores que son caracteres del suelo;
alábele la luz, el fuego, el hielo,
la escarcha y el rocío,
el invierno y estío,
y cuanto esté debajo de ese velo
que, en visos celestiales,
árbitro es de los bienes y los males.   (*Vase.*)

AUTOR.   Nada me suena mejor
que en voz del hombre este fiel
himno que cantó Daniel
para templar el furor
de Nabucodonosor.

MUNDO.   ¿Quién hoy la loa echará?
Pero en la apariencia ya
la ley convida a su voz
que, como corre veloz,
en elevación está
sobre la haz de la Tierra.

*Aparece la Ley de Gracia en una elevación, que estará
sobre donde estuviere el Mundo, con un papel en la mano*

LEY.   Yo, que Ley de Gracia soy,
la fiesta introduzgo hoy;
para enmendar al que yerra
en este papel se encierra
la gran comedia, que Vos
compusisteis sólo en dos
versos que dicen así:

(Canta.)   *las dos leyes*

Ama al otro como a ti, → *la moralidad*

y obra bien, que Dios es Dios. → *la justicia*

MUNDO.   La ley después de la loa
             con el apunto quedó;
             victoriar quisiera aquí
             pues me representa a mí.
             Vulgo desta fiesta soy,
             mas callaré porque empieza
             ya la representación.

Salen la Hermosura y la Discreción, por la puerta
de la cuna   *Empieza la obra*

HERMOS.   Vente conmigo a espaciar
             por estos campos que son
             felice patria del mayo,
             dulce lisonja del sol;
             pues sólo a los dos conocen,
             dando solos a los dos,
             resplandores, rayo a rayo,
             y matices, flor a flor.

DISCREC.   Ya sabes que nunca gusto
             de salir de casa, yo,
             quebrantando la clausura
             de mi apacible prisión.

HERMOS.   ¿Todo ha de ser para ti
             austeridad y rigor?
             ¿No ha de haber placer un día?
             Dios, di, ¿para qué crió
             flores, si no ha de gozar
             el olfato el blando olor
             de sus fragantes aromas?
             ¿Para qué aves engendró,
             que en cláusulas lisonjeras

cítaras de pluma son,
si el oído no ha de oírlas?
¿Para qué galas si no
las ha de romper el tacto
con generosa ambición?
¿Para qué las dulces frutas
si no sirve su sazón
de dar al gusto manjares
de un sabor y otro sabor?
¿Para qué hizo Dios, en fin,
montes, valles, cielo, sol,
si no han de verlo los ojos?
Ya parece, y con razón,
ingratitud no gozar
las maravillas de Dios.

DISCREC.   Gozarlas para admirarlas
es justa y lícita acción
y darle gracias por ellas;
gozar las bellezas no
para usar dellas tan mal
que te persuadas que son
para verlas las criaturas
sin memoria del Criador.
Yo no he de salir de casa;
ya escogí esta religión
para sepultar mi vida,
para eso soy Discreción.

HERMOS.   Yo, para esto, Hermosura:
a ver y ser vista voy.

Apártanse

MUNDO.   Poco tiempo se avinieron
Hermosura y Discreción.

HERMOS.   Ponga redes su cabello,
y ponga lazos mi amor
al más tibio afecto, al más
retirado corazón.

Va como un scoreboard. Mundo va dando apuntos a los actores. El mundo va observando y juzgando a todos y comentando

EL GRAN TEATRO DEL MUNDO 121

MUNDO.   Una acierta, y otra yerra
          su papel, de aquestas dos.

DISCREC. ¿Qué haré yo para emplear
          bien mi ingenio?

HERMOS.   ¿Qué haré yo
          para lograr mi hermosura?

LEY.   *(Canta.)*
          Obrar bien, que Dios es Dios.   *cuando la ley no da apuntes, repite el refrán*

MUNDO.   Con oírse aquí el apunto
          la Hermosura no le oyó.

              Sale el Rico

RICO.   Pues pródigamente el Cielo
          hacienda y poder me dio,
          pródigamente se gaste
          en lo que delicias son.
          Nada me parezca bien
          que no lo apetezca yo;
          registre mi mesa cuanto
          o corre o vuela veloz.
          Sea mi lecho la esfera
          de Venus, y en conclusión
          la pereza y las delicias,
          gula, envidia y ambición
          hoy mis sentidos posean.

              Sale el Labrador

LABRADOR. ¿Quién vio trabajo mayor
          que el mío? Yo rompo el pecho
          a quien el suyo me dio
          porque el alimento mío
          en esto se me libró.
          Del arado que la cruza
          la cara, ministro soy,

pagándola el beneficio
en aquestos que la doy.
Hoz y azada son mis armas;
con ellas riñendo estoy:
con las cepas, con la azada;
con las mieses, con la hoz.
En el mes de abril y mayo
tengo hidrópica pasión,
y si me quitan el agua,
entonces estoy peor.
En cargando algún tributo
de aqueste siglo pensión,
encara la puntería
contra el triste labrador.
Mas, pues trabajo y lo sudo,
los frutos de mi labor
me ha de pagar quien los compre
al precio que quiera yo.
No quiero guardar la tasa
ni seguir más la opinión
de quien, porque ha de comprar,
culpa a quien no la guardó.
Y yo sé que si no llueve
este abril, que ruego a Dios
que no llueva, ha de valer
muchos ducados mi troj.
Con esto un Nabal-Carmelo
seré de aquesta región
y me habrán menester todos;
pero muy hinchado yo,
entonces, ¿qué podré hacer?

LEY.   (Canta.)
                Obrar bien, que Dios es Dios.
DISCREC.   ¿Cómo el apunto no oíste?
LABRADOR.   Como sordo a tiempo soy.
MUNDO.   Él al fin se está en sus trece.
LABRADOR.   Y aun en mis catorce estoy.

Sale el Pobre

POBRE.   De cuantos el mundo viven,
              ¿quién mayor miseria vio
              que la mía? Aqueste suelo
              es el más dulce y mejor,
              lecho mío que, aunque es
              todo el cielo pabellón
              suyo, descubierto está
              a la escarcha y al calor;
              la hambre y la sed me afligen.
              ¡Dadme paciencia, mi Dios!

RICO.   ¿Qué haré yo para ostentar
              mi riqueza?

POBRE.   ¿Qué haré yo
              para sufrir mis desdichas?

LEY.   *(Canta.)*
              Obrar bien, que Dios es Dios.

POBRE.   ¡Oh, cómo esta voz consuela!

RICO.   ¡Oh, cómo cansa esta voz!

DISCREC.   El rey sale a estos jardines.

RICO.   ¡Cuánto siente esta ambición
              postrarse a nadie!

HERMOS.   Delante
              de él he de ponerme yo
              para ver si mi hermosura
              pudo rendirlo a mi amor.

LABRADOR.   Yo detrás; no se le antoje
              viendo que soy labrador,
              darme con un nuevo arbitrio,
              pues no espero otro favor.

Sale el Rey

REY.   A mi dilatado imperio
              estrechos límites son

cuantas contiene provincias
esta máquina inferior.
De cuanto circunda el mar
y de cuanto alumbra el Sol
soy el absoluto dueño,
soy el supremo señor.
Los vasallos de mi imperio
se postran por donde voy.
¿Qué he menester yo en el mundo?

LEY.   *(Canta.)*

                Obrar bien, que Dios es Dios.

MUNDO.   A cada uno va diciendo
                el apunto lo mejor.

POBRE.   Desde la miseria mía
                mirando infeliz estoy
                ajenas felicidades.
                El rey, supremo señor,
                goza de la majestad
                sin acordarse que yo
                necesito de él; la dama,
                atenta a su presunción,
                no sabe si hay en el mundo
                necesidad y dolor;
                la religiosa, que siempre
                se ha ocupado en oración,
                si bien a Dios sirve, sirve
                con comodidad a Dios.
                El labrador, si cansado
                viene del campo, ya halló
                honesta mesa su hambre
                si opulenta mesa no;
                al rico le sobra todo;
                y sólo, en el mundo, yo
                hoy de todos necesito,
                y así llego a todos hoy,
                porque ellos viven sin mí
                pero yo sin ellos no.

El Pobre Pide Limosnas - sólo le da la Discreción (La Religión)

       A la Hermosura me atrevo
       a pedir. Dadme, por Dios,
       limosna.

HERMOS.   Decidme fuentes, *La hermosura niega al pobre*
       pues que mis espejos sois,
       ¿qué galas me están más bien?,
       ¿qué rizos me están mejor?

POBRE.   ¿No me veis?

MUNDO.   Necio, ¿no miras
       que es vana tu pretensión?
       ¿Por qué ha de cuidar de ti
       quien de sí se descuidó?

POBRE.   Pues que tanta hacienda os sobra,
       dadme una limosna vos.

RICO.   ¿No hay puertas donde llamar? *el rico niega dar limosnas*
       ¿Así os entráis donde estoy?
       En el umbral del zaguán
       pudierais llamar, y no
       haber llegado hasta aquí.

POBRE.   No me tratéis con rigor.

RICO.   Pobre importuno, idos luego.

POBRE.   Quien tanto desperdició
       por su gusto, ¿no dará
       alguna limosna?

RICO.   No.

MUNDO.   El avariento y el pobre
       de la parábola, son.

POBRE.   Pues a mi necesidad
       le falta ley y razón,
       atreveréme al rey mismo.
       Dadme limosna, señor.

REY.   Para eso tengo ya *El rey manda al pobre pedir de su ministro*
       mi limosnero mayor.

MUNDO.   Con sus ministros el rey
       su conciencia aseguró.

POBRE.   Labrador, pues recibís
       de la bendición de Dios

por un grano que sembráis
tanta multiplicación,
mi necesidad os pide
limosna.

LABRADOR.   Si me la dio
Dios, buen arar y sembrar
y buen sudor me costó.
Decid: ¿No tenéis vergüenza
que un hombrazo como vos
pida? ¡Servid, noramala!
No os andéis hecho un bribón.
Y si os falta que comer,
tomad aqueste azadón
con que lo podéis ganar.

POBRE.   En la comedia de hoy
yo el papel de pobre hago;
no hago el de labrador.

LABRADOR. Pues amigo, en su papel
no le ha mandado el Autor
pedir no más y holgar siempre,
que el trabajo y el sudor
es proprio papel del pobre.

POBRE.   Sea por amor de Dios.
Riguroso, hermano, estáis.

LABRADOR. Y muy pedigüeño vos.

POBRE.   Dadme vos algún consuelo.

DISCREC.   Tomad, y dadme perdón.

Dale un pan

POBRE.   Limosna de pan, señora,
era fuerza hallarla en vos,
porque el pan que nos sustenta
ha de dar la Religión.

DISCREC.   ¡Ay de mí!

REY.   ¿Qué es esto?

POBRE.   Es...

Va a caer la Religión, y le da el Rey la mano

REY.   Llegaré a tenerla yo.
DISCREC.   Es fuerza; que nadie puede
           sostenerla como vos.
AUTOR.   Yo, bien pudiera enmendar
           los yerros que viendo estoy;
           pero por eso les di
           albedrío superior
           a las pasiones humanas,
           por no quitarles la acción
           de merecer con sus obras;
           y así dejo a todos hoy
           hacer libres sus papeles,
           y en aquella confusión
           donde obran todos juntos
           miro en cada uno yo,
           diciéndoles por mi ley:
LEY.   *(Canta.)*
           Obrar bien, que Dios es Dios.
           (Recita.)
           A cada uno por sí
           y a todos juntos, mi voz
           ha advertido; ya con esto
           su culpa será su error.
           (Canta.)
           Ama al otro como a ti,
           y obrar bien, que Dios es Dios.
REY.   Supuesto que es esta vida
           una representación,
           y que vamos un camino
           todos juntos, haga hoy
           del camino la llaneza,
           común la conversación.
HERMOS.   No hubiera mundo a no haber
           esa comunicación.

Cada Personaje dice lo que imagina y pide una cosa

RICO.   Diga un cuento cada uno.
DISCREC.   Será prolijo ; mejor
              será que cada uno diga
              qué está en su imaginación.
REY.   Viendo estoy mis imperios dilatados,
              mi majestad, mi gloria, mi grandeza,
              en cuya variedad naturaleza
              perficionó de espacio mis cuidados.
                  Alcázares poseo levantados,
              mi vasalla ha nacido la belleza.

El rey como Salomón

              La humilde de unos, de otros la riqueza
              triunfo son al arbitrio de los hados.
                  Para regir tan desigual, tan fuerte
              monstruo de muchos cuellos, me conceden
              los cielos atenciones más felices.
                  Ciencia me den con que a regir acierte,
              que es imposible que domarse puedan
              con un yugo no más tantas cervices.
MUNDO.   Ciencia para gobernar
              pide, como Salomón.

              Canta una voz triste, dentro, a la parte que está
                       la puerta del ataúd

VOZ.   Rey de este caduco imperio,
              cese, cese tu ambición,
              que en el teatro del mundo
              ya tu papel se acabó.
REY.   Que ya acabó mi papel
              me dice una triste voz
              que me ha dejado al oírla
              sin discurso ni razón.
              Pues se acabó el papel, quiero
              entrarme, mas ¿dónde voy?
              Porque a la primera puerta,
              donde mi cuna se vio,
              no puedo, ¡ay de mí!, no puedo
              retroceder. ¡Qué rigor!

¡No poder hacia la cuna
dar un paso...! ¡Todos son
hacia el sepulcro...! Que el río
que, brazo de mar, huyó,
vuelva a ser mar; que la fuente
que salió del río (¡qué horror!)
vuelva a ser río; el arroyo
que de la fuente corrió
vuelva a ser fuente; y el hombre,
que de su centro salió,
vuelva a su centro, a no ser
lo que fue... ¡Qué confusión!
Si ya acabó mi papel,
supremo y divino Autor,
dad a mis yerros disculpa,
pues arrepentido estoy.

Vase por la puerta del ataúd y todos se han de ir por ella

MUNDO.　　Pidiendo perdón el rey,
　　　　　bien su papel acabó.

HERMOS.　De en medio de sus vasallos
　　　　　de su pompa y de su honor
　　　　　faltó el rey.

LABRADOR.　　　　　No falte en mayo
　　　　　el agua al campo en sazón,
　　　　　que con buen año y sin rey
　　　　　lo pasaremos mejor.

DISCREC.　Con todo, es gran sentimiento.

HERMOS.　Y notable confusión.
　　　　　¿Qué haremos sin él?

RICO.　　　　　　　　Volver
　　　　　a nuestra conversación.
　　　　　Dinos, tú, lo que imaginas.

HERMOS.　Aquesto imagino yo.

MUNDO.　¡Qué presto se consolaron
　　　　　los vivos de quien murió!

LABRADOR. Y más cuando el tal difunto
           mucha hacienda les dejó.

HERMOS.   Viendo estoy mi beldad hermosa y pura;
           ni al rey envidio, ni sus triunfos quiero,
           pues más ilustre imperio considero
           que es el que mi belleza me asegura.

             Porque si el rey avasallar procura
           las vidas, yo, las almas; luego infiero
           con causa que mi imperio es el primero
           pues que reina en las almas la hermosura.

             «Pequeño mundo» la filosofía
           llamó al hombre; si en él mi imperio fundo
           como el cielo lo tiene, como el suelo;

             bien puede presumir la deidad mía
           que el que al hombre llamó «pequeño mundo»,
           llamará a la mujer «pequeño cielo».

MUNDO.   No se acuerda de Ezequiel
           cuando dijo que trocó
           la soberbia a la hermosura
           en fealdad la perfección.

VOZ.   *(Canta.)*
           Toda la hermosura humana
           es una pequeña flor.
           Marchítese, pues la noche
           ya de su aurora llegó.

HERMOS.   Que fallezca la hermosura
           dice una triste canción.
           No fallezca, no fallezca.
           Vuelva a su primer albor.
           Mas, ¡ay de mí!, que no hay rosa
           de blanco o rojo color
           que a las lisonjas del día,
           que a los halagos del sol
           saque a deshojar sus hojas,
           que no caduque, pues no
           vuelve ninguna a cubrirse
           dentro del verde botón.

Mas, ¿qué importa que las flores
del alba breve candor
marchiten del sol dorado
halagos de su arrebol?
¿Acaso tiene conmigo
alguna comparación
flor en que ser y no ser
términos continuos son?
No, que yo soy flor hermosa
de tan grande duración,
que si vio el Sol mi principio
no verá mi fin el Sol.
Si eterna soy, ¿cómo puedo
fallecer? ¿Qué dices, voz?

Voz.   (*Canta.*)
Que en el alma eres eterna
y en el cuerpo mortal flor.

Hermos.   Ya no hay réplica que hacer
contra aquesta distinción.
De aquella cuna salí
y hacia este sepulcro voy.
Mucho me pesa no haber
hecho mi papel mejor.   (*Vase.*)

La hermosura muere arrepentida

Mundo.   Bien acabó el papel, pues
arrepentida acabó.
De entre las galas y adornos
y lozanías faltó
la Hermosura.

Labrador.   No nos falte
pan, vino, carne y lechón
por Pascua, que a la Hermosura
no la echaré menos yo.

El labrador pide comida

Discrec.   Con todo, es grande tristeza.
Pobre.   Y aun notable compasión.
¿Qué habemos de hacer?

Rico.   Volver
a nuestra conversación.

LABRADOR.   Cuando el ansioso cuidado
             con que acudo a mi labor
             miro sin miedo al calor
             y al frío desazonado,
             y advierto lo descuidado
             del alma, tan tibia, ya,
             la culpo, pues dando está
             gracias, de cosecha nueva
             al campo porque la lleva
             y no a Dios que se la da.

MUNDO.   Cerca está de agradecido
             quien se conoce deudor.

POBRE.   A este labrador me inclino
             aunque antes me reprehendió.

VOZ.   (Canta.)
             Labrador, a tu trabajo
             término fatal llegó;
             ya lo serás de otra tierra;
             dónde será, ¡sabe Dios!...

LABRADOR.   Voz, si de la tal sentencia
             admites apelación,
             admíteme, que yo apelo,
             a tribunal superior.
             No muera yo en este tiempo;
             aguarda sazón mejor,
             siquiera porque mi hacienda
             la deje puesta en sazón;
             y porque, como ya dije,
             soy maldito labrador,
             como lo dicen mis viñas
             cardo a cardo y flor a flor,
             pues tan alta está la hierba
             que duda el que la miró
             un poco apartado dellas
             si mieses o viñas son.
             Cuando panes del lindero
             son gigante admiración,

casi enanos son los míos,
pues no salen del terrón.
Dirá quien aquesto oyere
que antes es buena ocasión
estando el campo sin fruto
morirme, y respondo yo:
—Si dejando muchos frutos
al que hereda, no cumplió
testamento de sus padres,
¿qué hará sin frutos, Señor?
Mas pues no es tiempo de gracias,
pues allí dijo una voz
que me muero, y el sepulcro
la boca, a tragarme, abrió;
si mi papel no he cumplido
conforme a mi obligación, *el labrador terminó*
pésame que no me pese *arrepentido*
de no tener gran dolor. *(Vase.)*

MUNDO. Al principio le juzgué *el labrador empezó*
grosero, y él me advirtió *grosero, pero terminó*
con su fin de mi ignorancia. *bien*
¡Bien acabó el labrador!

RICO. De azadones y de arados,
polvo, cansancio y sudor,
ya el labrador ha faltado.

POBRE. Y afligidos nos dejó.

DISCREC. ¡Qué pena!

POBRE.   ¡Qué desconsuelo!

DISCREC. ¡Qué llanto!

POBRE.   ¡Qué confusión!

DISCREC. ¿Qué habemos de hacer?

RICO.   Volver
a nuestra conversación
y, por hacer lo que todos,
digo lo que siento yo.
    ¿A quién mirar no le asombra
ser esta vida una flor

El rico como Isaías [handwritten margin note]

El rico - actitud hedonista. Si la vida es tan breve, hay que aprovechar de lo que hay. [handwritten margin note]

que nazca con el albor
y fallezca con la sombra?
Pues si tan breve se nombra,
de nuestra vida gocemos
el rato que la tenemos,
dios a nuestro vientre hagamos.
¡Comamos, hoy, y bebamos,
que mañana moriremos!

MUNDO.   De la Gentilidad es
aquella proposición,
así lo dijo Isaías.

DISCREC. ¿Quién se sigue ahora?

POBRE.   Yo.
Perezca, Señor, el día
en que a este mundo nací.
Perezca la noche fría
en que concebido fui
para tanta pena mía.

No la alumbre la luz pura
del Sol entre oscuras nieblas;
todo sea sombra oscura,
nunca venciendo la dura
agresión de las tinieblas.

Eterna la noche sea
ocupando pavorosa
su estancia, y porque no vea
el Cielo, caliginosa
oscuridad la posea.

De tantas vivas centellas
luces sea su arrebol;
día sin aurora y Sol,
noche sin Luna y estrellas.

No porque si me he quejado
es, Señor, que desespero
por mirarme en tal estado,
sino porque considero
que fui nacido en pecado.

el pobre - no tiene nada, pero siente el primer pecado [handwritten margin note]

MUNDO.   Bien ha engañado las señas
            de la desesperación;
            que así, maldiciendo el día,
            maldijo el pecado Job.
VOZ.   (Canta.)
            Número tiene la dicha,
            número tiene el dolor;
            de ese dolor y esa dicha,
            venid a cuentas los dos.
RICO.   ¡Ay de mí!
POBRE   ¡Qué alegre nueva!
RICO.   ¿Desta voz que nos llamó
            tú no te estremeces?
POBRE.   Sí.
RICO.   ¿No procuras huir?
POBRE.   No;
            que el estremecerse es
            una natural pasión
            del ánimo a quien como hombre
            temiera Dios, con ser Dios.
            Mas si el huir será en vano,
            porque si della no huyó
            a su sagrado el poder,
            la hermosura a su blasón,
            ¿dónde podrá la pobreza?
            Antes mil gracias le doy,
            pues con esto acabará
            con mi vida mi dolor.
RICO.   ¿Cómo no sientes dejar
            el teatro?
POBRE.   Como no
            dejo en él ninguna dicha,
            voluntariamente voy.
RICO.   Yo ahorcado, porque dejo
            en la hacienda el corazón.
POBRE.   ¡Qué alegría!
RICO.   ¡Qué tristeza!

POBRE.   ¡Qué consuelo!
RICO.   ¡Qué aflicción!
POBRE.   ¡Qué dicha!
RICO.   ¡Qué sentimiento!
POBRE.   ¡Qué ventura!
RICO.   ¡Qué rigor!

Vanse los dos

MUNDO.   ¡Qué encontrados al morir
              el rico y el pobre son!
DISCREC.   En efecto, en el teatro
              sola me he quedado yo.
MUNDO.   Siempre, lo que permanece
              más en mí, es la Religión.
DISCREC.   Aunque ella acabar no puede,
              yo sí, porque yo no soy
              la Religión, sino un miembro
              que aqueste estado eligió.
              Y antes que la voz me llame,
              yo me anticipo a la voz
              del sepulcro, pues en vida
              me sepulté; con que doy,
              por hoy, fin a la comedia
              que mañana hará el Autor.
              Enmendaos para mañana
              los que veis los yerros de hoy.

Ciérrase el globo de la Tierra

AUTOR.   Castigo y premio ofrecí
              a quien mejor o peor
              representase, y verán
              qué castigo y premio doy.

Ciérrase el globo celeste, y, en él, el Autor

MUNDO.   ¡Corta fue la comedia! Pero ¿cuándo
              no lo fue la comedia desta vida,

Handwritten note at top: El Mundo Recoge todos los Atributos que repartió al principio. Sólo los dejó para la obra de teatro. Luego, al morir, los quita

y más para el que está considerando
que toda es una entrada, una salida?
Ya todos el teatro van dejando,
a su primer materia reducida
la forma que tuvieron y gozaron.
Polvo salgan de mí, pues polvo entraron.

   Cobrar quiero de todos, con cuidado,
las joyas que les di con que adornasen
la representación en el tablado,
pues sólo fue mientras representasen.
Pondréme en esta puerta, y, avisado,
haré que mis umbrales no traspasen
sin que dejen las galas que tomaron.
Polvo salgan de mí, pues polvo entraron.

Handwritten note (right): Los actores tienen que devolver el vestimiento - tienen que acabar como empezaron - se ha terminado la obra

Sale el Rey

   Di. ¿Qué papel hiciste, tú, que ahora
   el primero a mis manos has venido?
REY.   Pues el Mundo, ¿qué fui tan presto ignora?
MUNDO.   El Mundo lo que fue pone en olvido.
REY.   Aquel fui que mandaba cuanto dora

Handwritten note (right): con la muerte el Mundo deshace todo - pone todo en olvido

   el Sol, de luz y resplandor vestido,
   desde que en brazos de la aurora nace,
   hasta que en brazos de la sombra yace.

Handwritten note (left): lo que hizo el rey durante su vida

   Mandé, juzgué, regí muchos Estados;
   hallé, heredé, adquirí grandes memorias;
   vi, tuve, concebí cuerdos cuidados;
   posey, gocé, alcancé varias victorias.
   Formé, aumenté, valí varios privados;
   hice, escribí, dejé varias historias;
   vestí, imprimí, ceñí, en ricos doseles,
   las púrpuras, los cetros y laureles.
MUNDO.   Pues deja, suelta, quita la corona;
   la majestad, desnuda, pierde, olvida;
                              (Quitásela.)
   vuélvase, torne, salga tu persona
   desnuda de la farsa de la vida.

Handwritten note (right): El mundo le quita al rey la corona

[manuscript note: pronto habrá otro rey para tomar tu papel]

La púrpura, de quien tu voz blasona,
presto de otro se verá vestida,
porque no has de sacar de mis crueles
manos púrpuras, cetros, ni laureles.

REY.   ¿Tú, no me diste adornos tan amados?

[manuscript note: La fugacidad de tiempo]

¿Cómo me quitas lo que ya me diste?

MUNDO.   Porque dados no fueron, no ; prestados
sí para el tiempo que el papel hiciste.
Déjame para otros los Estados,
la majestad y pompa que tuviste.

REY.   ¿Cómo de rico fama solicitas
si no tienes qué dar si no lo quitas?

[manuscript note: ¿Por qué haber vivido si iba a ser todo tan breve?]

¿Qué tengo de sacar en mi provecho
de haber, al mundo, al rey representado?

MUNDO.   Esto, el Autor, si bien o mal lo has hecho
premio o castigo te tendrá guardado ;

[manuscript note: el mundo le da el vestido, pero no le juzga]

no, no me toca a mí, según sospecho,
conocer tu descuido o tu cuidado:
cobrar me toca el traje que sacaste,
porque me has de dejar como me hallaste.

Sale la Hermosura

MUNDO.   ¿Qué has hecho, tú?
HERMOS.   La gala y la hermosura.
MUNDO.   ¿Qué te entregué?
HERMOS.   Perfecta una belleza.
MUNDO.   Pues, ¿dónde está?
HERMOS.   Quedó en la sepultura.
MUNDO.   Pasmóse, aquí, la gran Naturaleza
viendo cuán poco la hermosura dura,
que aun no viene a parar adonde empieza,
pues al querer cobrarla yo, no puedo ;
ni la llevas, ni yo con ella quedo.
El rey, la majestad en mí ha dejado ;
en mí ha dejado el lustre, la grandeza.
La belleza no puedo haber cobrado,

que espira con el dueño la belleza.
Mírate en ese cristal.

HERMOS.   Ya me he mirado.

MUNDO.   ¿Dónde está la beldad, la gentileza
que te presté? Volvérmela procura.

HERMOS.   Toda la consumió la sepultura.
      Allí dejé matices y colores;
allí perdí jazmines y corales;
allí desvanecí rosas y flores;
allí quebré marfiles y cristales.
Allí turbé afecciones y primores;
allí borré designios y señales;
allí eclipsé esplendores y reflejos;
allí aún no toparás sombras y lejos.

Sale el Labrador

MUNDO.   Tú, villano, ¿qué hiciste?

LABRADOR.   Si villano,
era fuerza que hiciese, no te asombre,
un labrador, que ya tu estilo vano
a quien labra la tierra da ese nombre.
Soy a quien trata siempre el cortesano
con vil desprecio y bárbaro renombre;
y soy, aunque de serlo más me aflijo,
por quien de *él*, el *vos* y el *tú* se dijo.

MUNDO.   Deja lo que te di.

LABRADOR.   Tú, ¿qué me has dado?

MUNDO.   Un azadón te di.

LABRADOR.   ¡Qué linda alhaja!

MUNDO.   Buena o mala con ella habrás pagado.

LABRADOR. ¿A quién el corazón no se le raja
viendo que deste mundo desdichado
de cuanto la codicia vil trabaja
un azadón, de la salud castigo,
aun no le han de dejar llevar consigo?

Salen el Rico y el Pobre

MUNDO.   ¿Quién va allá?

RICO.   Quien de ti nunca quisiera
              salir.

POBRE.   Y quien de ti siempre ha deseado
              salir.

MUNDO.   ¿Cómo los dos de esa manera
              dejarme y no dejarme habéis llorado?

RICO.   Porque, yo rico y poderoso era.

POBRE.   Y yo porque era pobre y desdichado.

MUNDO.   Suelta esas joyas. *(Quítaselas.)*

POBRE.   Mira qué bien fundo
              no tener que sentir dejar el mundo.

Sale el Niño

MUNDO.   Tú que al teatro a recitar entraste
              ¿cómo, di, en la comedia no saliste?

NIÑO.   La vida en un sepulcro me quitaste.
              Allí te dejo lo que tú me diste.

Sale la Discreción

MUNDO.   Cuando a las puertas del vivir llamaste
              tú, ¿para adorno tuyo qué pediste?

DISCREC.   Pedí una religión y una obediencia,
              cilicios, disciplinas y abstinencia.

MUNDO.   Pues déjalo en mis manos, no me puedan
              decir que nadie saca sus blasones.

DISCREC.   No quiero; que en el mundo no se quedan
              sacrificios, afectos y oraciones;
              conmigo he de llevarlos, porque excedan
              a tus mismas pasiones tus pasiones;
              o llega a ver si ya de mí las cobras.

MUNDO.	No te puedo quitar las buenas obras.
	Éstas solas del mundo se han sacado.
REY.	¡Quién más reinos no hubiera poseído!
HERMOS.	¡Quién más beldad no hubiera deseado!
RICO.	¡Quién más riquezas nunca hubiera habido!
LABRADOR.	¡Quién más, ay Dios, hubiera trabajado!
POBRE.	¡Quién más ansias hubiera padecido!
MUNDO.	Ya es tarde; que en muriendo, no os asombre
	no puede ganar méritos el hombre.
	Ya que he cobrado augustas majestades,
	ya que he borrado hermosas perfecciones,
	ya que he frustrado altivas vanidades,
	ya que he igualado cetros y azadones;
	al teatro pasad de las verdades,
	que éste el teatro es de las ficciones.
REY.	¿Cómo nos recibiste de otra suerte
	que nos despides?
MUNDO.	La razón advierte.
	Cuando algún hombre hay algo que reciba,
	las manos pone, atento a su fortuna,
	en esta forma: cuando con esquiva
	acción lo arroja, así las vuelve; de una
	suerte, puesta la cuna boca arriba
	recibe al hombre, y esta misma cuna,
	vuelta al revés, la tumba suya ha sido.
	Si cuna os recibí, tumba os despido.
POBRE.	Pues que tan tirano el mundo
	de su centro nos arroja,
	vamos a aquella gran cena
	que en premio de nuestras obras
	nos ha ofrecido el Autor.
REY.	¿Tú, también, tanto baldonas
	mi poder que vas delante?
	¿Tan presto de la memoria
	que fuiste vasallo mío,
	mísero mendigo, borras?

[nota manuscrita:] el mundo (el teatro) es ficción. La muerte es verdad

POBRE.   Ya acabado tu papel,
              en el vestuario ahora
              del sepulcro iguales somos.
              Lo que fuiste poco importa.

RICO.   ¿Cómo te olvidas que a mí
              ayer pediste limosna?

POBRE.   ¿Cómo te olvidas que tú
              no me la diste?

HERMOS.   ¿Ya ignoras
              la estimación que me debes
              por más rica y más hermosa?

DISCREC.   En el vestuario ya
              somos parecidas todas,
              que en una pobre mortaja
              no hay distinción de personas.

RICO.   ¿Tú vas delante de mí,
              villano?

LABRADOR.   Deja las locas
              ambiciones, que ya muerto,
              del sol que fuiste eres sombra.

RICO.   No sé lo que me acobarda
              el ver al Autor ahora.

POBRE.   Autor del Cielo y la Tierra,
              ya tu compañía toda
              que hizo de la vida humana
              aquella comedia corta,
              a la gran cena, que Tú
              ofreciste, llega ; corran
              las cortinas de tu solio
              aquellas cándidas hojas.

*Con música se descubre otra vez el globo celeste, y en él
una mesa con cáliz y hostia, y el Autor sentado a ella ;
              y sale el Mundo*

AUTOR.   Esta mesa, donde tengo
              pan que los cielos adoran

y los infiernos veneran,
os espera ; mas importa
saber los que han de llegar
a cenar conmigo ahora,
porque de mi compañía
se han de ir los que no logran
sus papeles por salvarles
entendimiento y memoria
del bien que siempre les hice
con tantas misericordias.
Suban a cenar conmigo
el pobre y la religiosa
que, aunque por haber salido
del mundo este pan no coman,
sustento será adorarle
por ser objeto de gloria.

los que cenan con el Autor son los que han logrado la Salvación. Los otros

que suban el pobre y la religiosa — por sus sacrificios

Suben los dos

POBRE.   ¡Dichoso yo! ¡Oh, quien pasara
            más penas y más congojas,
            pues penas por Dios pasadas
            cuando son penas son glorias!

DISCREC.   Yo que tantas penitencias
            hice, mil veces dichosa,
            pues tan bien las he logrado.
            Aquí, dichoso es quien llora
            confesando haber errado.

REY.   Yo, Señor ¿entre mis pompas
            ya no te pedí perdón?
            Pues ¿por qué no me perdonas?

AUTOR.   La hermosura y el poder,
            por aquella vanagloria
            que tuvieron, pues lloraron,
            subirán, pero no ahora,
            con el labrador también,
            que aunque no te dio limosna

El Rey, la hermosa, y el labrador van al Purgatorio

Se van al purgatorio en vez del infierno por haber confesado de haber errado.

no fue por no querer darla
que su intención fue piadosa,
y aquella reprehensión
fue en su modo misteriosa
para que tú te ayudases.

LABRADOR.   Ésa fue mi intención sola
que quise mal vagabundos.

AUTOR.   Por eso os lo premio ahora,
y porque llorando culpas
pedisteis misericordia,
los tres en el Purgatorio,
en su dilación penosa,
estaréis.

DISCREC.   Autor divino,
en medio de mis congojas,
el rey me ofreció su mano
y yo he de dársela ahora.

Da la mano al Rey, y sube

AUTOR.   Yo le remito la pena
pues la Religión le abona;
pues vivió con esperanzas,
vuele el siglo, el tiempo corra.

LABRADOR.   Bulas de difuntos lluevan
sobre mis penas ahora,
tantas que por llegar antes
se encuentren unas a otras;
pues son estas letras santas
del Pontífice de Roma
mandamientos de soltura
de esta cárcel tenebrosa.

NIÑO.   Si yo no erré mi papel,
¿por qué no me galardonas,
gran Señor?

AUTOR.   Porque muy poco
le acertaste; y así, ahora,

	ni te premio ni castigo.
	Ciego, ni uno ni otro goza,
	que en fin naces del pecado.
NIÑO.	Ahora, noche medrosa
	como en un sueño me tiene,
	ciego sin pena ni gloria.
RICO.	Si el poder y la hermosura
	por aquella vanagloria
	que tuvieron, con haber
	llorado, tanto se asombran,
	y el labrador que a gemidos
	enterneciera una roca
	está temblando de ver
	la presencia poderosa
	de la vista del Autor,
	¿cómo oso mirarla ahora?
	Mas es preciso llegar,
	pues no hay adonde me esconda
	de su vigoroso juicio.
	¡Autor!
AUTOR.	¿Cómo así me nombras?
	Que aunque soy tu Autor, es bien
	que de decirlo te corras,
	pues que ya en mi compañía
	no has de estar. De ella te arroja
	mi poder. Desciende adonde
	te atormente tu ambiciosa
	condición eternamente
	entre penas y congojas.
RICO.	¡Ay de mí! Que envuelto en fuego
	caigo arrastrando mi sombra
	donde, ya [a] que no me vea
	yo a mí mismo, duras rocas
	sepultarán mis entrañas
	en tenebrosas alcobas.
DISCREC.	Infinita gloria tengo.

[Nota manuscrita:] el niño no se va al cielo por el pecado original. Nunca fue bautizado

[Nota manuscrita:] El rico va al infierno

HERMOS.   Tenerla espero dichosa.
LABRADOR.   Hermosura, por deseos
            no me llevarás la joya.
RICO.   No la espero eternamente.
NIÑO.   No tengo, para mí, gloria.
AUTOR.   Las cuatro postrimerías
            son las que presentes notan
            vuestros ojos, y porque
            destas cuatro se conozca
            que se ha de acabar la una,
            suba la Hermosura ahora
            con el Labrador, alegres,
            a esta mesa misteriosa,
            pues que ya por sus fatigas
            merecen grados de gloria.

Sube la hermosura y el labrador al cielo

Suben los dos

HERMOS.   ¡Qué ventura!
LABRADOR.   ¡Qué consuelo!
RICO.   ¡Qué desdicha!
REY.   ¡Qué victoria!
RICO.   ¡Qué sentimiento!
DISCREC.   ¡Qué alivio!
POBRE.   ¡Qué dulzura!
RICO.   ¡Qué ponzoña!
NIÑO.   Gloria y pena hay, pero yo
            no tengo pena ni gloria.
AUTOR.   Pues el ángel en el cielo,
            en el mundo las personas
            y en el infierno el demonio
            todos a este Pan se postran;
            en el infierno, en el cielo
            y mundo a un tiempo se oigan
            dulces voces que le alaben
            acordadas y sonoras.

el niño se queda en el purgatorio

Tocan chirimías, cantando el «Tantum ergo» muchas voces

MUNDO.   Y pues representaciones
          es aquesta vida toda,
          merezca alcanzar perdón
          de las unas y las otras.